숨겨진
보화

III

숨겨진
보화 III

초판 1쇄   2010년 10월 15일

김광덕 지음

발 행 인 | 신경하
편 집 인 | 김광덕

펴 낸 곳 | 도서출판 kmc
등록번호 | 제2-1607호
등록일자 | 1993년 9월 4일

(100-101) 서울특별시 중구 태평로1가 64-8 감리회관 16층
(재)기독교대한감리회 출판국

대표전화 | 02-399-2008, 02-399-4365(팩스)
홈페이지 | http://www.kmcmall.co.kr
          http://www.kmc.or.kr

디자인 · 인쇄 | 리더스 커뮤니케이션 02)2123-9996/7

값 10,000원
ISBN 978-89-8430-495-6 04230
ISBN 978-89-8430-468-0 (세트)

'세계선교' 어떻게 할 것인가?

숨겨진 보화

III

김광덕 지음

kmc

제가 만나는 사람은 다양합니다. 이런 저런 일을 하다 보니 별별 사람을 다 만납니다. 그런데 그중에도 특별한 기인을 한 분 만났습니다. 조금이 아니라 상당히 병이 깊은데(?) 왕 푼수이고 어려운 사람 만나면 눈물을 감추지 못하고 늘 주머니가 열려 있는 따뜻한 가슴친구입니다. 20여 년 만나는 동안 '이제는 좀 쉬어야겠어'라는 말 단 한 번도 없이 늘 꿈에 부풀어 있습니다. 그리하여 제가 호(號)를 춘산(春山)이라고 지어드렸습니다. 60(耳順)을 넘어 70(古稀)을 바라보는 나이에도 역시 춘산형님은 청춘(靑春)입니다.

보통사람들은 나에게는 관대하고 내가 아닌 다른 사람에 대해서는 엄격한 잣대를 들이대는데 당신 자신에게 늘 엄격하고 타인에게는 넓은 가슴입니다. 적지 않은 나이에 감리회 본부 출판국 총무로 피선되었습니다. 집회 가서 받은 사례비를 직원 복지에 쓰고, 퇴직금 일부를 미리 받아 웨슬리출판문화원 후원비로 내고, 미수금을 받기 위해 전국 감리교회에 직접 편지와 메일을 보내는 등 애쓴 덕에 경영정상화를 이루었다고 어린아이와 같이 자랑하는 것을 보았습니다. 교회도 예전 같지 않다지만 아닙니다. 리더가 헌신하고 순수하게 본을 보이면 이웃이 감동하고 하늘을 감동시키게 되어 있습니다.

늘 봄동산인 목사님은 이번에 또 세계선교로 결론을 내야 한다고 책을 출간하십니다. 앉으나 서나 입만 벌리면 민족복음화 세계선교 백만 명 자국인선교사시대입니다, 언제 올지 모르지만 아니 우리시대가 끝나고 올수도 있고 영영 안 올 수도 있습니다. 그러나 춘산은 들든지 아니 들든지 입버릇처럼 소리치십니다. 그런데 중요한 것은 그의 말에 능력이 있어 백만 자국인 선교사란 말이 어느새 세계선교계에 서서히 퍼져간다는 것입니다.

어떤 일을 잡으면 그 목표를 향하여 줄기차게 끝까지 밀고 가는 그 끈기가 대단한 춘산은 끝내 지금까지 일보다 앞으로 더 큰일도 해낼 것을 기대합니다.

몇 년 전 늦깎이로 군포지방 감리사가 되었을 때도 2년 동안 매월 나오는 활동비와 1년에 한번 보내주는 해외여행경비를 모아 지하교회와 전세방 교회를 도와 칭찬을 받았다고 들었습니다. 세계선교(世界宣敎)를 위한 이 책도 가슴으로 토해 내는 이야기, 발로 뛴 생생한 경험에서 나온 간증을 통해, 세계선교 백만 자국인 선교사시대에 성큼 다가설 것을 기대하고, 세계선교의 필독서, 교과서가 될 것을 확신합니다. 지칠 줄 모르는 소년 같은 가슴친구, 천국에 가서도 이웃집에 살고 싶은 영원한 나의 형님이 이 땅에 나와 같이 살고 있음에 가슴이 벅차오릅니다.

익산 갈릴리교회 이동춘 목사

지역교회의 담임 목회자로서 맡겨진 사명을 온전히 감당하시던 목사님께서 어느 날 선교사로 자신을 부르시는 하나님의 음성에 순종해 모든 것을 버리시고 홀가분하게 선교지로 떠나는 모습은 저에게 큰 충격이자 동시에 새로운 희망이었습니다. 목사님의 글을 통해 세계선교의 사명은 하나님께서 한국교회에 주신 귀한 보화임을 발견할 수 있는 계기가 되리라 믿어 의심치 않습니다.

월간 「선교타임즈」 발행인 김성용 목사

하나님에 대한 사랑이 하늘같이 높고 인간에 대한 사랑이 바다와 같이 넓으신 김광덕 목사님의 꿈은 한국인 선교사 100만 명이 세계 방방곡곡에서 선교하는 것입니다. 선교에 관심 있는 자들에게는 은혜가 되고 선교현장에서 수고하는 자들에게는 위로가 되고 선교에 관심이 없는 자들에게는 관심을 갖게 만드는 글들을 묶어서 책으로 펴내신 것을 축하하며 세계선교에 중요한 필독서가 되기를 바랍니다.

아태선교회 이사장 조창환 목사

100만 명의 선교사를 파송한다는 것은 하나님께서 김광덕 목사님을 통해서 주신 대위임 명령입니다. 또한 대한민국과 이 민족에게 주신 사명입니다. 히브리서 기자는 "믿음은 바라는 것들의 실상이요 보지 못하는 것들의 증거니 선진들이 이로써 증거를 얻었느니라"라고 말합니다. 일찍이 엘리야처럼 바다 저편 너머에서 몰려오는 구름을 바라본 김광덕 목사님의 세계선교에 대한 꿈과 증거가 한국의 선교를 통해서 이미 드러나고 있습니다. 이 책이 100만 명의 선교사를 보내는 씨앗이 되기를 바랍니다.

김포순복음교회 최영길 목사

"선교는 목사이다"라는 신조어를 만들어 한국교회 목사들을 일깨워 선교동원에 앞장서신 김광덕 목사님의 글 모음이 책으로 출간되어 기쁩니다. 평소 김광덕 목사님의 글은 주님사랑과 선교열정이 넘치는 고로, 읽을 때마다 힘이 불끈불끈 솟았던 경험이 있습니다. 2010~2030년까지의 20년은 한국선교에 있어 황금기요 전방개척 전력투구시기입니다. 이 책이 향후 20년 한국선교의 불을 키우는 영적 휘발유가 되기를 기대합니다.

한국세계선교협의회(KWMA) 한정국 사무총장

● 차례

시작은 미약할지라도!

샬롬~

행복했던 20년 담임목회를 접고 선교사로 길 떠난 지 어언 12년이 되었으니 누가, 어떻게 이해할 수 있겠습니까? 바보(?)처럼 보였겠지요. 그러나 지상명령(마 28:18~20)인 세계복음화에 순종하는 자에게 약속하신 최고의 축복인 "임마누엘"의 은혜를 주셨습니다. 4천 년 전 믿음의 조상 아브라함에게 약속하신 축복입니다.

"너를 축복하는 자에게는 내가 복을 내리고 너를 저주하는 자에게는 내가 저주하리니 땅의 모든 족속이 너로 말미암아 복을 얻을 것이니라 하신지라."(창 12:3)

저는 작은 가슴을 열방과 족속과 만민으로 가득 채워 주셨고 구령열에 타오르도록 뜨거운 피와 눈물을 주셨기에 무슨 일이든 맡겨 주신 일에 시작은 미약할지라도 나중은 창대케 하시는 복의 주인공이 되게 하셨습니다. 이제 자랑스러운 6천 교회 160만 성도를 섬기는 감리회 본부 출판국(도서출판 kmc) 총무의 4년 임기를 마치게 됩니다(2010년 10월 31일). 저의 24시간 기도제목은 "내게 구하라 내가 이방나라를 네 유업으로 주리니 네 소유가 땅 끝까지 이르리로다.(시 2:8)"입니다. 기도응답으로 재임기간 중 숨겨진 보화(Ⅰ)(Ⅱ)(Ⅲ)을 저술하며 출판할 수 있는 비전과 믿음을 주셨습니다.

숨겨진 보화(Ⅰ) '가정예배 회복 어떻게 할 것인가?' 는 한국교회 최초의 가정예배 가이드북입니다. 숨겨진 보화(Ⅱ)는 '책만 읽어도' 160만 독서운동 이론과 실천 가이드북입니다. 숨겨진 보화(Ⅲ) '세계선교 어떻게 할 것인가?' 는 감리회 출판국에서 출판하는 최초의 선교 가이드북입니다.

아무쪼록 6천 감리교회의 브랜드가 되어 5만 한국교회 1천만 성도들이 숨겨진 보화의 주인공이 되어 21세기 선교한국을 위해 쓰임받기를 기도합니다. 특별히 부족한 글을 연재해 주신 한국교회 선교정론지 「선교타임즈」 김성용 목사와 분에 넘치는 찬사로 축하의 글을 올려주신 선교의 가슴친구들에게 고마운 인사를 드립니다.

특별히 지난 4년간 새벽부터 저녁까지 함께 동역해 주신 출판국 직원들에게 뜨거운 감사를 드립니다. 참으로 수고하셨습니다.

"2030년까지 100만 명의 선교사를 주옵소서."

생각만 해도 가슴이 뛰고 구름 위를 나는 것 같습니다.

2010년 10월

출판국 · 도서출판 kmc 총무 김광덕 목사

2030년까지 한국교회는 100만 명의 선교사를 파송할 수 있습니다.
사명을 가지고 파송하는 일에 집중하여야 합니다.
I(나)가 아니라 N(자국인 선교사 : Native Missionary)입니다.
한국에서 보내는 한국인 선교사 파송이 아닙니다.
선교현장(한국 포함)에서 자국인 선교사를 파송하는 것입니다.

하나님이 일으키시는 제3의 물결

선교는 영성의 열매이기에 선교하지 않으면 망합니다. 성경의 역사가 증명하고 기독교 2천 년 역사가 증명합니다. 아브라함 이후 2천 년 유대종교가 증거합니다. 그러나 한국교회가 지금 이 모습대로 선교하면 선교하다 망할 것만 같습니다. 그러나 회개하면 됩니다. 몰라서 한 일이니 배우고 새롭게 방향을 전환하면 됩니다. 예배당 건축이 아니라 교회 개척 선교로 방향을 전환하면 됩니다. 경쟁선교, 유행선교, 전시선교, 중복선교, 단독선교, 체면선교, 감정선교, 저효율선교, 놀부선교, 인본주의선교에서 방향을 바꾸면 됩니다. 성령선교, 성경적 선교로 시작하면 됩니다. 통일조국의 새봄도 주실 것입니다. 3만 불 경제소득에 우리 땅 어디엔가 석유도 터질 것입니다. 5만 한국교회에 13,000명 파송 선교사에 세계에 흩어진 한인교회가 씨앗이고 누룩입니다. 2030년까지 100만 명의 선교사를 파송할 수 있습니다. 파송해야 합니다. 파송하게 하실 것입니다.

어떤 방법으로 누가 갈 것입니까? 성경에서 찾아야 합니다. 예수 선교사님과 바울 선교사님에게 배워야 합니다. 로마인의 이야기에서도 배워야 합니다. 천 년 전 세계를 제패하였던 몽고의 칭기즈칸에게도 배워야 합니다. 45,000명 군사로 33세에 세계를 정복했던 알렉산더 대왕에게도 배워야 합니다. 중국의 「삼국지」도 통독하고 렁청진의 「지전(智典)」도 읽고 배워야 합니다. 진주여고 졸업이 전부인 박경리의 대하소설 「토지」 21권도 읽으면 좋습니다. 하늘이 높고 넓다고 다 길이 아닙니다. 항로(航路)가 있습니다. 바다가 깊고 넓다고 다 길이 아닙니다. 해로(海路)가 있습니다. 선교에도 하나님이 만드신 지도와 시간표가 있습니다. 21세기는 선교와 영성의 시대입니다.

선교에도 물결이 있습니다. 1세기 초대교회는 성령 충만한 예수에 미친 자들, 세상을 뒤엎는 자들이 목숨을 걸었습니다. 지중해, 남유럽, 아시아 일부까지 흩어진 자들의 세계였습니다. 사실은 씨 뿌리는 자에 의해 강제로 흩어진 자들의 선교였습니다. 제2의 물결은 18세기 윌리엄 캐리를 시작으로 한 서구 선교의 물결입니다. 그러나 걸프 전쟁, 아프가니스탄 전쟁, 이라크 전쟁을 시작으로 서구 선교는 막을 내릴 수밖에 없습니다. 선교의 제3의 물결이 일어나고 있습니다. 아프리카에서, 남미에서, 동남아시아에서 그리고 희망의 땅 중국에서 계산할 수 없는 선교운동이 일어나고 있습니다. 하나님이 일으키시는 제3의 물결입니다. 파도입니다.

이제 한국교회에 "쓰나미"처럼 일어나야 합니다. 30m 파고에 시속 400km로 몰아치는 해일이 한국교회에서 일어나야 합니다. 자국인 선교운동(The Native Missionary Movement)이 일어나야 합니다. 원주민 선교운동을 일으켜야 합니다.

13,000명 한국 선교사×120명 자국인 선교사 = 156만 명

2030년까지 100만 명의 선교사를 미전도 종족에게(모슬렘권, 공산권, 힌두권, 불교권) 보내야 합니다! 다가오는 세계선교의 혁명을 외치는 K. P 요하난은 "미국 선교사 1명 보내는 경비면 자국인 선교사 47명을 보낼 수 있다"고 합니다. 저비용 고효율:고비용 저효율 비율이 47:1인 것입니다. 선교도 이제는 '경영'을 생각할 때입니다.

"2030년까지 100만 명의 자국인 선교사를 주옵소서."
생각만 해도 가슴이 뛰고 구름 위를 나는 것 같습니다.

교회 건축이 아니라 교회 개척입니다

선교사의 삶을 사는 제가 마지막 한 줌의 재가 되어 묻히게 될 곳은 필리핀 바기오 피라미드 공원묘지입니다. 1,000불이면 우리 부부가 아름다운 정원 묘지에 묻힐 수 있습니다. 죽어서도 선교해야 하고, 할 수 있기 때문입니다. 묘비의 글도 지어 놓았습니다. "예수의 피 사랑에 감격하여 순종의 삶을 살다 가신 김광덕 선교사의 묘"입니다.

#10 Marcos Highway, Baguio city에 있는 4층 선교센터 모서리 방 한 칸을 열쇠로 잠그고 한국에 왔습니다. 양심의 가책이 되어 왔습니다. 자국인 선교사(Native Missionary)를 동원하여 파송하는 일을 하기 위해서 한국에 온 것입니다. 고비용 저효율 선교에 가슴이 아파서 '경영선교전략연구소'라는 이름을 지어 지난 2년간 준비 작업을 한 것입니다. 제가 한 것이 아니라 선교의 사령관께서 하신 일이라고 확신합니다.

스티븐 닐의 말처럼 선교는 교회의 사역 중 제일 어렵고 힘든 일입니다. 그러나 우리의 현실은 정반대입니다. 가장 쉬운 사역이 무엇입니까? 돈이면 다 되는 건축선교사역입니다. 물론 예배당 건축을 반대하는 것은 아닙니다. 선교학에서 말하는 대로 대나무나 야자수 잎사귀, 아니면 함석으로 지어주면 됩니다. 자립(自立), 자치(自治), 자전(自傳), 자축(自築)하게 하여야 합니다. 예배당 건축이 아니라 교회 개척입니다.

처음 선교사인 언더우드 선교사가 소래교회를 방문하였습니다. 초라한 초가집 교회를 헐고 기와집 예배당을 지어준다고 하였습니다. 그리고 담임 목회자의 생활비를 돕겠다고 하였습니다. 그러나 보기 좋게 거절당하였습니다. 결국 남포등 하나만 선물로 주고 왔습니다.

그런데 오늘 한국선교의 현실은 어떠합니까? 너도 나도 모두가 예배당 건축입니다. 13,000명의 한국 선교사가 30~40년 동안 예배당을 건축한다고 계산해 봅시다.

· 2005년 : 13,000명(선교사 수)×10(건축수)×1,000만 원 = 13조 원
· 2030년 : 50,000명(선교사 수)×10(건축수)×1,000만 원 = 50조 원

개신교 선교역사 110년 필리핀에 교회가 6만이고 2010년까지 10만 교회를 목표로 하고 있습니다. 한국 선교사들의 주사역이 예배당 건축이 되어서는 안 됩니다. 사람을 길러내야 합니다. 8,300만 인구 중 10%가 외국에 노동자로 나가 달러를 벌어 먹고사는 나라가 필리핀입니다. 외국어에 능통한 필리핀 사람들을 훈련하여 선교사로 파송하여야 합니다. 그들은 부지런합니다. 그리고 문화 충격을 모르는 훈련된 사람들입니다. 아주 작은 비용인 100~300불이면 우리 시대의 여리고성인 모슬렘권과 힌두권, 불교권, 공산권에 얼마든지 보낼 수 있습니다.

자국인 선교사 개발과 동원 법칙은 모든 나라와 모든 족속에 통용됩니다. 모슬렘권에 파송된 한국 선교사는 언어를 배우는 데도 힘이 들고 긴

세월을 보내야 합니다. 그 후에도 전도지 한 장 전할 수 없습니다. 그러나 자국인 선교사를 개발하면 얼마든지 가능합니다. 현지 교회와 협력하면 됩니다. 선교의 새로운 패러다임 전환이 일어나야 합니다.

보내는 한국교회 역시 현장을 알아야 하고 더 나은 선교를 위하여 지난 날의 허물을 고백하고 방향을 바꾸는 용기와 결단이 필요합니다. 몰라서 한 일이니 하나님은 용서하시고, 다시 자랑스러운 대한민국 그리고 한국 교회를 사용하실 것입니다.

한국교회가 외국인을 대상으로 해외선교를 처음 시작한 곳은 중국 산동성 내양현이었습니다. 1912년 한국 장로교회는 이곳에 선교사를 파송하기로 결의하고 1913년 11월 한국인 박태로, 사병순, 김영훈 등 세 사람을 선교사로 파송하였습니다. 이들이 보낸 보고서에는 산동선교의 시작이 재미있게 설명되어 있습니다.

"그 당시 내양 지역의 수준은 매우 낮았다. 대부분 주민들은 구식 교육을 받았고 이들에게 복음을 전한다는 것은 매우 어려웠다. 그러나 얼마 후 내양현 지사는 한국에서 온 선교사들을 위하여 큰 잔치를 베풀어 주겠다는 초청장을 보내왔다. 귀한 잔치의 초대장에 걸맞은 답례로 한시를 써서 보내기로 하였다. 선교사 중 김영훈 목사는 한시에 능통한 사람이었다. 유려한 한문으로 시를 지어 현지사에게 보내었다. 시의 결론은 기독교인이 될 것을 권면하고 신자가 되면 선한 통치를 할 수 있다는 내용이었다. 현지사에게 보낸 한시는 하나님의 섭리로 내양현에서 가장 유식한 한학자인 장수명에게 보이게 되었다. 장수명은 한국인 선교사의 한시에 흥미를 느끼고 선교사들을 방문하였다. 오랜 토론 끝에 성서가 구원의 책이고 예수가 구세주라는 것을 받아들이고 당시 70세가 넘었던 노학자는 '내가 무엇을 하여야 구원을 얻으리이까' 라고 물었다. 그는 한국 선교사들로부터 신앙을 전해 받은 첫 개종자가 되었다. 당시 내양지방 학자들 가운데 40 세 이상은 모두 장수명의 제자들이었다. 그의 개종은 산동선교의 큰 기초가 되었다. 얼마가지 않아 선교사들은 많은 개종자들을 얻게 되었고 예배당 건축을 위한 헌금도 마련하게 되었다. 이렇게 해서 산동선교는 시작되었다."

그렇습니다. 앞으로 한국선교는 예배당 많이 건축한 것을 수치와 후회로 여기는 사고의 전환이 반드시 필요합니다. 돌을 맞아도 누군가 외쳐야 할 세계선교의 예언자의 메시지라고 확신합니다. 건축은 소박할수록 좋습니다. 교회 건축이 아니라 교회 개척입니다. 교회 개척은 '사람' 이지 건물이 아닙니다. 사명도 사역도 각각입니다. 그러나 더 높은 곳을 향하여 보시기에 심히 아름다운 사역을 선택하여야 할 것입니다.

"2030년까지 100만 명의 자국인 선교사를 주옵소서."
생각만 해도 가슴이 뛰고 구름 위를 나는 것 같습니다.

이제는 선교도 '경영'을 생각할 때

선교는 아무렇게나 하는 일이 아닙니다. 뱀처럼 지혜롭게, 비둘기처럼 순결하게 하여야 합니다. 한마디로 설명한다면 "예수님처럼" 선교하면 됩니다. 우리가 사는 세상에서는 뭐니 뭐니 해도 머니(Money)를 무시할 수 없습니다. 산 호랑이 눈썹도 뺀다는 옛말이 있듯이 돈이면 안 되는 것이 없습니다. 그러나 아주 적은 돈으로 더 많은 효과를 거둘 수 있는 방법이 있다면 새로운 방법을 선택하여야 합니다. 빨리 방향 전환을 할수록 좋습니다.

'칭기즈칸'을 선교사로 대입해 봅니다. 칭기즈칸은 아들, 손자들과 함께 13세기에 가장 인구 밀도가 높은 문명들을 정복하였습니다. 전성기 몽골 제국은 2,800만~3,100만 km²의 대륙의 땅을 차지하였습니다. 이것은 대략 아프리카 대륙만한 넓이이며 미국, 캐나다, 멕시코, 중앙아메리카, 카리브 해의 섬들을 합친 면적보다 훨씬 넓습니다. 그는 어린 시절에 아버지를 잃고 노예로 팔려갔습니다. 그리고 아내마저 약탈당했던 불행하고 힘이 없던 인물이었습니다. 총인구 수십만에 불과한 내륙 아시아 초원의 작은 부족연맹체가 어떻게 유라시아 전체를 포괄하는 세계체제를 만들고 유지했을까요? 현대 지도에서 칭기즈칸이 정복한 땅은 30개국이며 인구로는 30억이 훨씬 넘는다는 사실은 우리를 놀라게 합니다. 칭기즈칸의 기병대가 13세기를 가로질러 돌격하자 세계의 경계가 다시 그려졌습니다.

한국선교의 미래는 어떻게 될 것인지 과거를 분석하고 평가하며 현재를 조명하고 정비하여야 미래가 보장됩니다. 이것이 성경이 주는 진리이고 역사가 가르쳐 주는 냉혹한 교훈입니다.

왜 자국인 선교사일까요? 모슬렘 선교사 숫자가 150만이라는 정보는 옛날이야기입니다. 13억 중국을 일으키는 데 한국 선교사 몇 명이 필요할까요? 모슬렘 13억 그리고 힌두권 11억, 불교권 3억 5천만, 정령숭배권 2억 5천만을 구원하는 데 한국교회가 담당해야 할 선교사 숫자가 얼마면 될까요?

세계선교협의회(KWMA)의 선교신용평가 시스템 구축을 위한 회의가 있었습니다. 거룩한 선교사역에 '신용평가'라는 단어는 희망의 메시지이기도 하지만 슬픈 한국선교의 모습이기도 합니다.

선교사 한 가정을 파송하는 데 필요한 선교비

· 선교사 훈련비: 엉터리 대학교육 때문에 삼성에서는 신입사원 1인당 1억이 소요된다고 합니다.

· 선교지 정착비: 선교지에 파송되면 신접살림을 준비하는 신랑신부처럼 새살림을 준비해야 합니다. 물론 냉장고에 달걀은 기본이고 에어컨도 필수입니다.

· 생활비: 아무리 후진국이라도 한국 선교사가 월 100~200불 가지고는 살

수 없습니다. 물론 예수님처럼 3년만 살다가 승천한다면 몰라도 장거리 경주자가 되려면 연 1,000불을 가지고는 살 수 없습니다.

· 신발이 있어야 합니다: 예수님 당시에는 어린 새끼나귀였지만 21세기에는 사륜구동차량이 좋습니다. 선교사에게 고물차는 위험천만입니다. 필리핀에서 갤로퍼 한 대 값이 3,000만 원쯤 됩니다. 보험료에다가 기름값에 고장 나면 고쳐야 합니다.

· 육체적으로 정신적으로 건강을 유지해야 합니다: 신문도서 구입비, 레저비, 체력단련비, 여행경비

· 선교사역비: 준비된 선교사에게는 많을수록 좋습니다. 미전도 종족 지역에 방송선교, 학원선교, 병원선교, 신학교 사역 등은 천문학적 선교비가 들어갑니다. 교회 개척 사역에도 현지 지도자 훈련비에 생활비가 있어야 합니다. 선교는 전쟁이기 때문입니다.

· 목회비: 한국에 큰교회 목회자에게 엄청난 목회비가 필요한 것처럼 선교지에서 도움을 요청하는 사람 또는 베풀어야 하는 사랑의 손길은 클 수밖에 없습니다.

· 자녀교육비: 모든 민족의 자녀교육에 대한 욕심은 본능입니다. 선교사 가정에서 세계적인 선교사 2세가 나와야 합니다. 미국에서 대학교육을 시킬 수 있다면 금상첨화입니다. 1년에 3만~5만 불이 듭니다.

· 선교사 자녀 결혼 및 부모효도에 장례식도 책임져야 합니다.: 선교사도 우리와 똑같은 사람이기 때문에 하나님 앞에서나 사람 앞에서 도리를 다 하여야 합니다.

· 안식년 본국 사역비: 재교육에 포럼, 세미나 참석하여 정보를 공유하고 전략과 전술을 연구하여야 합니다. 선임선교사가 되려면 Ph. D도 획득하면 좋습니다.

· 선교사 가족 의료비: 기타 선교사 가족 토털케어에 대한 부분을 완벽하게 책임져 주어야 합니다.

· 은퇴 후 한국에서 여생을 어떻게 살 것인가: 선교사의 몫이 아니라 보내는 자의 몫입니다.

이만열 박사의 「한국선교사요람」에 보면 1,600여 명의 선교사들이 오늘 1,200만 성도에 52,400교회 13,000명 선교사의 씨앗을 심고 가셨습니다. 자립(自立), 자치(自治), 자전(自傳), 자축(自築)의 네비우스 선교방법인 것입니다. 21세기 선교는 한걸음 더 나가야 합니다. 그것은 자선(自宣)입니다.

다가오는 세계선교의 혁명을 외치는 K. P 요하난은 미국 선교사 1명 보내는 경비면 자국인 선교사 47명을 보낼 수 있다고 합니다. 이제는 선교도 '경영' 을 생각할 때입니다.

"2030년까지 100만 명의 자국인 선교사를 주옵소서."

생각만 해도 가슴이 뛰고 구름 위를 나는 것 같습니다.

자국인 선교사 양육에 집중합시다

지방 장로님들과 한 주간 중국에 다녀왔습니다. 100% 선교지 탐방이었습니다. 쓰러지기 일보 직전이 되도록 자동차 여행을 하였습니다. 그러나 조선족이 살고 있는 동북삼성 중 겨우 길림성 안에서만 맴돌다 왔습니다. 지도를 보고 참으로 큰 나라임을 실감하였습니다. 동북삼성(흑룡강성, 길림성, 요령성)에 사장님(선교사의 숨겨진 이름)이 얼마나 될까? 탈북자선교, 조선족선교, 한족선교를 위하여 헌신하시는 선교사님들이 많고도 많았습니다. 그러나 경영 측면에서 생각해 보았습니다.

15년 된 A 선교사는 복지선교를 위하여 많은 땅을 구입하였습니다. 그러나 아차하면 쫓겨날 형편입니다. 아파트도, 땅도 몽땅 빼앗길 위기에서도 기도하는 당당함, 목사만의 믿음을 보았습니다. 그러나 선교사로서는 희망이 보이지 않았습니다. 40년 노하우를 가지고 중국 농촌을 살리겠다는 꿈을 가지고 씨름하는 사장님(선교사)을 뵈었습니다. 장로 선교사의 인도로 농장을 방문하였습니다. 옆에는 100만 평의 D농장이 있고 연이어 펼쳐진 20만 평의 현장이 장로 선교사의 일터입니다. 그러나 가축사육장에도, 펼쳐진 농장에서도 희망을 볼 수 없었습니다. 자신의 꿈이 하나님의 꿈인 줄 믿고 모든 것을 투자하였으나 안타깝기만 합니다. 사기꾼처럼 보였기 때문입니다. 물론 사기꾼이 아니라 중국선교를 가슴에 안고 5년 전에 오셔서 모든 것을 투자하셨습니다. 그러나 당장 5만 불을 갚아야 숨을 쉴 수 있기 때문에 장로님의 눈에는 생명이 보이지 아니하고 돈만 보이는 것입니다. 물론 중국말 한마디도 못하시는 벙어리 선교사입니다.

한국에서 3년간 신학을 공부하고 목회를 준비하시는 K 목사는 한국어, 영어, 중국어에 능통합니다. 그는 미국 NGO단체의 후원으로 북한을 수도 없이 다녀오신 40대 초반의 조선족 목사입니다. 백두산을 오가는 긴 여행 기간에 K 목사와 많은 대화를 나눴습니다. 한국 선교사의 현주소에 대하여 정직한 메시지와 중국선교 전략에 대한 문서도 받아 보았습니다. 듣고 또 들어도, 보고 또 보고 아무리 보아도 그의 글과 말은 중국선교를 꿰뚫고 있었습니다. 그러나 안타까운 것은 준비된 조선족 선교사에 대하여 가슴을 열고 함께 비전과 은사를 공유하며 사역하는 한국 선교사는 보이지 않았다는 것입니다. 지금은 빈 배에 빈손이지만 그의 꿈은 대단하였습니다. 200개 한족교회 개척이 기도제목이었습니다. 신학교를 세워 운영하더라도 모자람이 없는 능력 있는 조선족 목사요 자국인 선교사(Native Missionary)이었던 것입니다. 월 생활비 100불이면 됩니다. 그를 통하여 선교하게 한다면 조선족 선교뿐 아니라 한족선교와 북한선교 등 큰일을 할 수 있습니다. 125년 전 왔던 한국의 선교사들처럼 말입니다.

예를 들어보겠습니다. 〈목회와 신학〉 7월호 특집의 제목은 "어디 좋은 목사님 안 계십니까?"이고, 한국 교회사에서 찾은 좋은 목사로 주남선 목사를 소개하고 있습니다.

그는 기독교 전래 초기에 호주 선교사를 통해 복음을 받아들이고 권서인(勸書人)으로 부르는 매서전도자로 일하였습니다. 자국인 선교사(Native Missionary)입니다. 독립운동에도 가담하여 3·1운동 당시 투옥되어 5년 동안 옥중에서 지내기도 하였습니다. 해방 후 김구 선생으로부터 제헌국회에 출마해 달라는 요청을 받았지만 자신의 사명이 아니라며 거절하였고, 독립유공자로 포상하려 했을 때 "조국의 독립을 위하여 일하는 일이 국민의 당연한 도리인데 그것이 어찌 상 받을 일이겠는가?"라며 포상을 사양하기도 하였습니다.

1945년 12월 경남 노회장으로 선출되었을 때 단상에 오른 주 목사는 신사참배한 사람들을 향해 "얼마나 수고가 많았습니까? 이 사람은 형무소에서 바깥세상을 생각지 않고 주님만 생각하다 보니 어느덧 6년이 지났습니다."라고 말할 수 있었던 신앙인격의 소유자였습니다. 그는 기도의 사람이었습니다. 거창교회를 개척한 후 그는 기도생활에 모범을 보였습니다. 새벽 2시에 교회에 가면 오전 9시나 10시까지 기도하였다 합니다. 그는 큰 소리로 기도하지 않았지만 그가 앉았던 자리는 눈물로 얼룩져 있었다고 합니다. 그는 다른 어떤 것을 의지하지 않고 실로 기도에 의지한 목회자였습니다.

그렇습니다. 앞으로 한국선교 어떻게 하여야 하겠습니까? 파송하는 교회나 파송된 선교사의 모든 관심과 사역 그리고 기도의 제목은 자국인 선교사를 양육하는 데 집중하여야 합니다. 고기를 잡아주지 말고 고기 잡는 법을 가르쳐 주어야 합니다. 여기에서 멈추지 말고 어부를 가르쳐서 또 다른 문화권에 나갈 수 있는 단계까지 올라가야 합니다. 견고한 바벨탑을 쌓고 노회장, 총회장이 되어 뿌리를 내린다면 결국은 선교의 실패입니다. 빼앗기고 쫓겨나게 되는 것입니다.

선교사의 안락사(安樂死)는 빠를수록 좋습니다. 예수님은 33세에 3년간 사역하시고 하늘나라로 올라가셨습니다. 이 땅의 초라한 자국인 선교사 120명이 초라한 다락방에 모였지만 오직 성령께서 그들을 사용하셨습니다. 복음에 미친 자들이었습니다. 세상을 뒤엎어 버리는 순도 100%의 선교사들이 된 것입니다. 그렇습니다. 이제 우리가 주인이 되면 안 됩니다. 그들이 그 나라 선교의 주인이 되어야 하고 또 다른 나라까지 선교하는 주인이 되도록 하여야 합니다. 그것이 성경적 선교이고 하나님이 기뻐하시는 선교전략이 되는 것입니다.

"2030년까지 100만 명의 자국인 선교사를 주옵소서."
생각만 해도 가슴이 뛰고 구름 위를 나는 것 같습니다.

어부를 가르치는 최고의 어부

선교판에서 20여 년 살다보니 선교에 대한 눈이 조금은 열린 것 같습니다. 바둑으로 말하면 급을 넘어 초단 자격증이라고나 할까요. 한국교회의 선교 9단은 누구일까? 만55세에 후암장로교회를 은퇴하고 선교사의 삶을 사시는 조동진 목사님이 아닐까 생각합니다. 선교사들을 프로기사로 등급을 매긴다면 13,000명 선교사 중 9단은 얼마나 될까? 최소한 초단은 되어야 하지 않을까? 전혀 가능성 없는 아마추어 기사라면 양심적으로 보따리를 싸는 것이 모두에게 축복일 것이라고 생각합니다.

선교사를 군인으로 말한다면 최전방에서 헌신하시는 용사일 것입니다. 그런 의미에서 최소한 선교사는 존경받아야 하고 선교에서만은 별이 되어야 합니다. 그러나 13,000명 한국 선교사 중 4성 장군이나 아니면 별 하나 선교사는 얼마나 될까? 별이 못 되어도 가능성이 있는 위관급 장교는 되어야 할 것입니다. 그러나 한국교회의 현실은 암담하기만 합니다. 식당에서 밥이나 먹고 세월을 보내며 아군끼리 싸우는 어리석은 군사들이 너무나 많은 것 같습니다.

선교사를 어부라고 말한다면 사람 낚는 최고의 어부가 되어야 합니다. 넓은 바다에서 고래 잡는 어부가 되어야 합니다. 개울 물속에서 고기 병으로 피라미나 잡아 매운탕 끓여 놓고 즐기는 어부라면 참으로 곤란합니다. 낚시 하나로 그것도 강태공처럼 고기잡이에 관심이 없이 세월을 보내는 선교사라면 큰일입니다. 인공위성에서 고기떼의 이동을 촬영해서 보내고 최첨단 저인망 어선이 바다 전체를 싹쓸이하는 이때 7,106개의 섬나라 필리핀은 생선이 모자라 수입하는 나라입니다.

이것이 한국교회 선교의 자화상이 아닌가 생각해 봅니다. 한국교회 선교사는 고기 잡는 어부 수준의 선교사가 되어서는 아니 됩니다. 고기 잡는 법을 가르치는 어부가 되어야 하고 거기에서 머문다면 슬픈 일입니다. 최소한 어부를 가르치는 최고의 어부가 되어야 합니다.

선교사의 안락사가 최고의 행복임을 모르는 선교사는 바벨탑을 쌓고 있는 선교사입니다. 자신이 보리수나무 선교사인지 바나나 나무 선교사인지를 모르고 선교한다면 불행한 일이 아닐 수 없습니다. 지난주일 낮 예배에 참석하신 선교사 두 분의 메시지를 듣고 함께 예배를 드리고 식사를 나누면서 느끼는 감회입니다. 하늘이 넓다고 모든 하늘이 비행기 길이 아닙니다. 항로가 있습니다. 태평양이 넓다고 모두가 뱃길이 아닙니다. 해로가 있습니다. 고속도로가 넓다고 다 길이 아닙니다. 중앙선이 있고 차종에 따라 달리는 길이 따로 있습니다.

선교도 마찬가지입니다. 선교에 대하여 책 한 권 읽지 않고 연구하지 아니하고 내 마음대로 선교한다면 헛고생일 뿐 아니라 결국은 선교를 망치는 일이 됩니다. 그럼에도 불구하고 가능성 있는 선교사를 뵙는 즐거움이 있습니다. 예수처럼 선교하는 순도 100%의 선교사와 교제하는 행복이 있습니다. 숨겨두신 7천 명의 선교사와 선교하는 교회가 있음을 감사하고 선교의 사령관 되시는 우리 주님께 감사를 드리는 것입니다.

엄밀한 의미에서 선교의 영웅은 없습니다. 한국교회 선교는 이제 시작이라고 생각하면 됩니다. 첫 단추가 어긋났으면 다시 시작하면 됩니다. 금세기 최고의 선교지도자인 랄프 윈터에게 배워야 합니다. 피터 와그너에게 배워야 합니다. 배우지 않으면 성장이 없습니다. 성장이 없는 자는 도태되어야 합니다. 군인이라면 제대 통지서를 받아야 하는 것입니다.

선교지의 교회에게 위대한 명령(Great Commission)을 가르치지 않는 선교사는 큰 죄를 짓고 있는 것이라고 말한 랄프 윈터와 4바퀴 360° 선교를 말한 피터 와그너의 말은 진리입니다. 부활하신 예수님은 초라한 어부들에게 세계선교를 위임하시고 떠나셨습니다. 그들은 모두 세계에 흩어져서 순교하였습니다. 12사도의 발자취를 보면 그들은 모두 예수님처럼 선교하였습니다.

"2030년까지 100만 명의 자국인 선교사를 주옵소서."
생각만 해도 가슴이 뛰고 구름 위를 나는 것 같습니다.

하나님께 인정받는 선교사

넓고 넓은 중국 땅을 생각해 봅니다. 국토면적이 960만 km²입니다. 많고 많은 영혼을 생각해 봅니다. 13억입니다. 계시나 선교전략을 무시한다고 해도 21세기는 아시아 태평양 시대이고 우리나라는 중국에게 이용을 당하든지 이용하든지 함께 갈 수밖에 없습니다. 더욱이 통일 한국을 소망하는 민족의 역사 앞에서 중국과의 관계는 생존의 문제입니다. 세계선교 측면에서는 더 말할 나위가 없습니다. 중국 13억의 모래알 속에 한국선교사 10만을 파송해도 바늘 찾기에 불과합니다. 그런 의미에서도 한국선교는 중국을 동원하여 모슬렘권인 실크로드 지역을 복음으로 점령하여 그들의 힘으로 예루살렘까지 총진군하도록 누룩의 역할을 감당해야 합니다. 축구로 말하면 히딩크 감독의 역할입니다. 박지성, 이영표, 설기현, 이운재를 개발하여 스타를 만들어 내야 합니다. 하늘 보좌를 버리시고 선교사로 내려오신 예수. 그는 흥하여야 하고 나는 쇠하여야 하리라는 세례 요한의 삶이 한국선교의 나아갈 길입니다. 그런 의미에서 100만 명의 자국인 선교사를 보내자는 외침에 모든 교회와 선교사가 귀를 기울이고 선교의 대전환 운동이 일어나야 합니다.

조선족 목사의 중국선교 진단을 소개하겠습니다.

중국에 현재 삼자교회와 가정교회가 존재하고 있는 것은 천하가 다 아는 사실이다. 그러나 중국인 가정교회와 동포들 가정교회가 원색적으로 다르다는 것이다. 중국인 가정교회는 1953년 새 정부의 주도 아래 삼자운동을 할 때 원색적 믿음을 고수하여 삼자교회 가입을 거부하고 탄압을 피하여 비밀리에 예배를 드리는 교회이고, 동포들 가정교회는 선교사들이 이미 삼자교회에 출석하는 사람들을 후원하여 가정교회를 개척하거나 한국에서 훈련받고 중국에 돌아와 교회를 개척하였는데 허가가 나지 않아 가정에서 예배드리는 가정교회이다. 이들 대부분이 삼자교회 가입을 원하고 있고, 중국인 가정교회들은 삼자교회 가입을 원치 않고 있다. 이런 상황에 근거하여 한국선교 실패 원인을 10가지로 종합하겠다.

1) 중국교회 상황이 한국교회와 전혀 다름에도 불구하고 한국에서의 방법대로 사역을 하는 것이다. 2) 동포교회와 동포들의 정체성에 대한 이해 부족이다. 많은 동포들이 민족에 있어서는 한국 민족을 자처하지만 자기는 중국의 소수민족(중국인)으로 인식하고 있는 것이다. 3) 한국교회가 동포교회를 중국교회 일원으로 생각하지 않고 한국교회 연장으로 생각하는 것이다. 4) 많은 선교사들이 중국교회와 관계를 맺고 접근할 때 선교적으로 접근하지 않고 목회적으로 접근하는 우를 범하고 있다. 5) 선교동기가 불순하다. 공산당 정부 수립 이전 구미열강이 강대한 군사력을 앞세웠다면 한국은 강대한 경제력을 의지하는 것이다. 많은 선교사들이 현지인을 진정한 동역자나 파트너 관계보다 내가 선교비를 지원하기에 나는 주인이고 너는 종인 주종관계 의식에서 벗어나지 못하고 있다. 6) 가시적인 성과

에 급급하여 지도자 양성보다 교회당 건축에 중점을 둔 것이다. 7) 동포교회 자립에 두지 않고 자기의 영향력 아래 두려 하였다. 많은 한국교회가 후원하는 명목으로 교회 이름도 한국교회 이름으로 붙이게 하고 교회 운영에도 직접 관계를 하는 것이다. 8) 조건이 미달된 선교사 파송이다. 9) 비선교전문가들이 선교를 주도하고 있다. 중국에 몇 번 방문하거나 단기간 중국에 거주하였으면 자기가 중국선교 전문가인 것으로 착각하는 것이다. 10) 선교사와 협력 선교단체, 그리고 후원 교회의 협력이 제대로 이루어지지 못하여 정보부족, 전략, 전술의 부족으로 투자가 중복되고 많은 선교비가 낭비되는 것이다.

만일 전 세계에 흩어진 13,000명 선교사들이 앞장서서 새로운 각오로 환골탈퇴하는 선교의 대전환을 이루어 내지 못한다면 21세기 선교한국의 미래는 암담할 뿐입니다. 방송선교나 성경번역 선교사역 등 특별한 선교사역을 제외하고는 모두가 자국인 선교사를 개발, 훈련, 파송하는 방향으로 나가야 할 것입니다.

8월 중순 최전방 동해안 해수욕장을 가족 수련회로 다녀왔습니다. 화진포에 가면 드라마 "가을동화"를 촬영했던 수채화 같은 풍경이 나타나고 적송나무 숲에는 이기붕 별장이라 불리는 건물이 있습니다. 왼편 호숫가 산등성에는 이승만 별장이 있고 오른편 동해로 탁 트인 더 좋고 아름다운 장소에는 김일성 별장이 있습니다. 1920년에 독일 건축가가 설계한 아름다운 건축물로, 사실은 영국 선교사들이 하계 휴양지와 선교사 교육장과 회의장으로 사용하였다고 합니다. 주변에는 선교사들이 사용하던 미니 골프장 시설이 남아 있습니다. 쉽게 말하면 선교사들의 삶의 수준이 이승만 대통령, 김일성보다 월등하였다고 상상해 볼 때, 선교사의 삶을 사는 본인으로서 너무나 속이 상하는 것이었습니다. 구조상 그렇게 대접을 못 받는다 할지라도 하나님께는 인정받는 선교사가 되어야 할 것입니다. 참으로 부끄럽지 않고 열매를 보여줄 수 있는 사역이 자국인 선교사를 세우고 보내는 사역임에 틀림없습니다.

"2030년까지 100만 명의 자국인 선교사를 주옵소서."
생각만 해도 가슴이 뛰고 구름 위를 나는 것 같습니다.

전하고 가르치라

한국교회는 좋으나 싫으나 세계선교의 숙명 속에 살아야 하고 쓰임 받을 수밖에 없는 민족이요 교회입니다. 한국교회는 극한 가난과 일제의 포악한 강점기였던 1907년부터 1937년까지 153명의 선교사를 파송한 저력이 있습니다. 한국교회의 축복은 결코 우연이 아닙니다. 1885년 4월 선교의 문이 열린 이후 선교사들은 철저히 네비우스 선교방식인 자립(自立), 자치(自治), 자전(自傳), 자축(自築)선교를 펼쳤습니다. 1909년 기독교 선교 25주년 보고에 보면 전국에 세운 800교회 중 780교회가 자축(自築)한 예배당이고 스무 곳만 선교사들이 건축해 준 것입니다. 한국인 전도자 1,052명 중 94%가 자립전도자였습니다.

오직 그리스도를 위해 살다간 아프리카 선교사 앤드류 머리의 수많은 영성의 글 중 일부입니다.

가난한 자들에게 무조건 학교만 지어주는 것은 떡 대신 돌을 주는 것과 마찬가지이다. 이 일에는 반드시 살아 있는 믿음으로 사랑을 실천하는 그리스도인 일꾼이 필요하다. 엘리사 선지자처럼 죽은 자를 끌어안은 채 그가 소생할 때까지 기도하는 사람이 있어야 한다.

그렇습니다. 생명과 같은 소를 팔아 예배당을 건축하고 소 대신 아들이 멍에를 메고 아버지는 쟁기를 모는 아름다운 십자가와 성육신 신앙이 오늘의 한국교회를 부흥케 하였습니다. 한국 기독교 1호 개척교회인 새문안교회 역시 선교사들의 호의를 거절하고 그 당시 500달러의 헌신(그 당시 선교사 1개월 선교비 4달러)으로 300명을 수용하는 예배당을 건축하였습니다. 그러나 한국에 와서 헌신하였던 1,600여 명의 선교사들(이만열 교수의 「한국선교사 요람」) 중 침례교단의 펜윅 선교사 등 극소수의 선교사들을 제외하고는 마태복음 28장 18~20절(대위임령) 말씀을 가르치지 않고 전도만으로 끝났다는 것이 안타까운 사실입니다.

오늘의 현실은 어떠합니까? 선교사 13,000명의 세계선교 2위 국가라고 하지만 아직도 선교사 한 명도 없는 교단이 있고 위대한 선교대열에 동참치 못하는 교회가 85%가 되는 것이 사실입니다. 그런데 아름다운 소식은 한국세계선교협의회(KWMA)를 중심으로 2020년까지 자비량 선교사 100만 명을 파송하는 "MT 2020" 운동과 2030년까지 선교사 10만 명을 파송하는 프로젝트를 목표로 2006년 세계선교대회와 "NCOWE IV"를 준비하는 것입니다. 그러나 자비량 100만 선교사와 파송선교사 10만 명으로 지구촌 복음화는 요원하다는 사실을 간과해서는 안 됩니다.

4,000년 전 믿음의 조상 아브라함에게 주신 메시지에 귀를 기울여야 합니다. "너를 통하여 천하 만민이 복을 받으리라. 너의 자손이 밤하늘의 별처럼, 바닷가의 모래알처럼 번성하리라. 또 네 씨로 말미암아 천하 만민이 복을 받으리라(창 22:17~18)."

그렇습니다. 아브라함 한 사람이 세계복음화의 주역이 되는 것이 아닙니다. 비전을 가지고 동서남북을 바라보고 썩어진 밀알의 삶을 살게 될 때에, 오는 세대에 성령님의 은혜로 수많은 열매를 거두게 하심으로 세계복음화의 비전은 이루어집니다. 자국인들이 선교사가 되어 그 나라뿐 아니라 산 넘고 대양을 건너 또 다른 문화권과 종족에게 선교사를 보내는 교회를 세우게 하여야 합니다. 필리핀을 중심으로 선교사 재배치를 외친다고 되는 것이 아닙니다. 한국교회 구조와 시스템 자체가 막을 수 없게 되어 있습니다.

차선책을 써야 합니다. 필리핀에서 세계를 볼 수 있는 선교사가 된다면 필리핀은 세계선교의 황금의 땅입니다. 영어권에다가 모든 부분에 있어 필리핀은 선교로 준비된 나라입니다. 필리핀 선교사들이 필리핀 교회로 하여금 셀 수 없는 자국인 선교사를 보낼 수 있을 것입니다. 8,300만 인구에 10%의 노동자가 해외에 나가 땀 흘려 일해야 먹고 사는 나라이니 필리핀 교회야말로 선교의 노다지가 아닐 수 없습니다. 그런 의미에서 보내는 한국교회와 파송된 현지 선교사들이 현지교회 지도자들에게 마태복음 28장 18~20절 말씀을 바르게 전하고 가르쳐야 합니다. 2천 년 전 초라한 갈릴리 어부들에게 명령하셨던 예수님처럼 전하고 가르치고 명령해야 합니다. 앞으로 한국선교는 이 방향으로 나아갈 수밖에 없을 것이고, 나아가게 하실 것입니다.

"2030년까지 100만 명의 자국인 선교사를 주옵소서."
생각만 해도 가슴이 뛰고 구름 위를 나는 것 같습니다.

21세기 한국선교, 어떻게 할 것인가?

개신교 선교역사 125년에 파송 선교사 숫자로 세계 2위라면 분명 우연일 수 없습니다. 하나님께서 하신 일이고 축복이 아닐 수 없습니다. 선교하는 교회는 모두 보내는 선교사입니다. 최전방에서 헌신하는 선교사들은 보내는 선교사들보다 헌신도에서 앞장서는 고귀한 분들이고 박수 받아야 마땅한 선교의 영웅들이십니다. 그런 의미에서 한국교회의 미래는 선교하는 교회와 보내심을 받은 선교의 영웅들에게 있습니다. 그러나 우리 모두의 모습을 종합 진찰하듯 진단한다면 수술도 대수술을 하여야 함을 부인할 수 없습니다. 그러나 아직은 얼마든지 회생할 수 있는 희망이 있기에 우리 함께 나팔소리와 사이렌을 울리며 새롭게 출발해야 하는 것입니다.

한국교회의 현실이 딱하기만 합니다. 대부분의 교단 교회의 40%가 미자립교회입니다. 전도가 되지 않고 개척하기도 쉽지 않은 형편입니다. 목회의 실패가 하나님의 뜻일 수 없습니다. 그리고 구름떼처럼 몰려나오는 선지학교의 공급을 채울 수 없기에 선교사로 나가고자 한다면 21세기 선교 한국의 미래는 없습니다. 정신을 바짝 차리고 뼈를 깎는 자기 훈련이 필요합니다. 길게 고생할 것인가? 짧게 고생할 것인가? 아니면 함께 공멸할 것인가? 선택은 우리 모두에게 있습니다.

그러나 우리 모두에게 희망이 있습니다. 선교의 A, B, C인 첫걸음만 회복하면 됩니다. "비둘기와 뱀"에게 배우면 됩니다. "순결과 지혜"입니다(마 10:16). 비둘기 눈에는 눈물이 고여 있습니다. 까마귀 눈에는 눈물이 없습니다. 눈물 없는 선교사는 불쌍한 선교사입니다. 은혜의 샘이 말랐으니 아차하면 국제 사기꾼이 되는 것입니다. 영성이 하드웨어라면 뱀에게 배우는 지혜는 소프트웨어입니다. 배우고 또 배워야 합니다. 훈련된 군사, 첨예화된 무기, 정보, 전략, 전술, 보급…. 살수대첩의 을지문덕에게도 배우고 불멸의 이순신에게도 배워야 합니다. 삼국지의 조조와 재갈공명에게도 배우고 인류 역사상 최고의 정복자인 알렉산더 대왕에게도 배우고 칭기즈칸에게도 배워야 합니다. 물론 성경에서 선교의 사령관이신 예수님에게 배우고 처음 선교사인 바나바와 바울에게서 배우는 것은 기본입니다.

경영선교전략을 연구하는 본인은 요사이 칭기즈칸(Chingiz Khan, 1155 ? ~1227.8.18)에 심취해 있습니다. 2030년까지 100만 명의 자국인 선교사를 위한 나팔을 불고 있는 입장에서 칭기즈칸은 선교의 스승이 아닐 수 없습니다. 칭기즈칸의 몽골 전사들은 불과 30년이라는 짧은 시간에 만나는 모든 군대를 물리치고 모든 요새를 점령하고 모든 도시의 성벽을 허물었습니다. 기독교도, 이슬람교도, 불교도, 힌두교도 문맹은 이 젊은 기병들의 먼지 낀 군화 앞에 모두 무릎을 꿇었습니다. 그들의 목표는 세계점령을 위한 전쟁이 아니고 세계정복을 위함이었습니다.

몽골 초원의 최대 인구 100만에 10만 전사가 세계를 정복한 비결 중 하나는 정복한 나라의 자국인을 통치 수단으로 이용했다는 것입니다. 당시의 전통적인 군대들은 마을을 약탈할 자원으로 여기고 농민들을 강간하거나 죽이거나 편안한 대로 처리해 버릴 귀찮은 존재들로 여겼습니다. 그러나 늘 침공할 지역의 주민보다 숫자가 적었던 몽골군은 이 많은 사람들을 전략적 용도로 이용하였습니다.

당시의 몽골군은 전형적인 방식과는 달리 피난민 무리나 포로들을 뒤로 달고 다닌 것이 아니라 앞세우고 다녔습니다. 칭기즈칸은 그들의 지식을 제국에 이용하기 위하여 온갖 종류의 학자들을 끌어 오거나 잡아오는 데 관심을 가지고 그들이 무슨 기술을 가지고 있는지, 어떻게 이용할 수 있는지 파악하려고 노력하였습니다. 몽골 장교들은 병사들을 처형한 다음에 사무관들을 보내어 민간인들을 직업에 따라 나누었습니다. 몽골인은 전쟁과 목축, 사냥밖에는 할 줄 몰랐기 때문에 세계로 커가는 몽골제국에 대장장이, 옹기장이, 목수, 가구장이, 갖바치, 염색전문가, 광부, 종이 만드는 사람, 유리 부는 사람, 재단사, 보석상, 악사, 이발사, 가수, 연예인, 약제사, 요리사 등 상상할 수 있는 거의 모든 분야에 숙련된 일꾼들이 필요했습니다. 직업이 없는 사람들은 짐을 나르거나 요새 공사에 땅을 파거나 인간 방패 역할을 하거나 해자(성 밖을 둘러 파서 못으로 만든 곳)를 메우는 등 몽골군의 승리를 위하여 자신의 목숨을 내주어야 했습니다. 포로들은 몽골군의 손발이 되어 짐승과 병사들의 먹을거리를 준비하고 물을 구하는 일상적인 일을 하였을 뿐 아니라 공성전을 앞두고 있을 때에는 해자를 채울 돌이나 흙을 모으는 일을 하였으며, 나무나 돌로 만든 투사체로 성벽을 공격하는 공성무기를 움직이거나 조작하고 성벽이나 성문을 파괴하는 이동식 탑을 밀기도 하였던 것입니다.

21세기 한국선교, 어떻게 할 것인가? 해답은 간단합니다.

'세계선교' 어떻게 할 것인가?

자국인 선교사를 동원하여 그들 나라의 미전도 종족 지역을 점령하도록 하여야 합니다. 그리고 미전도된 타문화권에 가도록 깨우고 훈련하여 보내는 일을 스스로 할 수 있도록 방향을 전환하고 온 힘을 다하는 일에 연합하여야 할 것입니다. 그렇게 할 때 우리 모두는 선교의 영웅이 될 것이고 복의 근원으로 마지막 시대에 아브라함의 축복을 받게 될 것입니다.

"2030년까지 100만 명의 자국인 선교사를 주옵소서."
생각만 해도 가슴이 뛰고 구름 위를 나는 것 같습니다.

새롭게 출발합시다

　세계선교는 등산으로 말하면 히말라야 정상을 정복하는 일입니다. 산에 대하여 아무리 연구하고 안다 하여도 목표는 정상입니다. 세계선교는 바다에서 고래를 잡는 일입니다. 냇가에서 피라미 잡는 정도의 어부가 할 일이 아닙니다. 넓은 바다 끝에 나가 끝없는 인내와 기술과 헌신으로 고래를 잡아야 합니다. 세계선교는 전쟁으로 말하면 세계대전입니다. 전략사령부에서 아무리 궁리하고 훈련소에서 준비된 병사와 장수가 아무리 많아도 거기에서 만족하면 아니 됩니다. 최전선에 나가 적군을 무찌르고 승리의 깃발을 꽂아야 합니다. 피 흘린 대가를 얻어야 하는 것입니다. 세계선교는 최고의 농사입니다. 농촌지도소의 탁상공론 행정이나 못자리 농사만으로는 부족합니다. 땀의 열매를 거두어 알곡을 곳간에 쌓아야 합니다. 세계선교는 올림픽이나 월드컵 축구경기와 같습니다. 회고컨대 88년 서울올림픽이나 2002년 월드컵 4강의 감격과 기쁨을 다시 맛볼 수 있을까요? 금메달이 아니면 4강의 기적을 이루어 내야 하는 것입니다.

　그런 의미에서 2005년 한국교회 선교를 결산하는 제5회 한국선교지도

'세계선교' 어떻게 할 것인가?

자포럼의 주제는 '전방개척선교를 향한 한국세계선교의 진보와 지역교회의 역할'이었습니다. 미전도 종족 선교 이후 다시 한 번 세계선교의 기치를 올리기 위해 전방개척선교(Frontier Mission) 운동 확산을 주도하고 있는 국제적 선교지도자이자 전략가인 US Center for World Mission의 랄프 윈터(Ralph D Winter) 박사가 KWMA의 초청으로 방한하여 선교의 새바람을 일으키고 갔으며, 선교타임즈의 자매지로 〈KJFM〉이 새롭게 탄생된 것은 한국교회를 향한 축복의 선물이 아닐 수 없습니다. 전방개척선교에 대한 네트워크가 태동되고 한국세계선교의 새로운 방향이 제공된 것입니다.

전방개척선교를 여러 가지로 설명할 수 있겠으나 한마디로 말하면 더 높은 곳으로, 더 깊은 곳으로, 더욱 싸움이 치열한 곳으로 들어가 땀과 피를 흘림으로 정상을 정복하고, 고래를 잡고, 열매를 거두고, 금메달의 영광을 쟁취하자는 것일 것입니다.

세계적 선교지도자인 랄프 윈터의 메시지는 한국교회 선교지도자들과 현장의 선교사들에게 주시는 광야의 소리입니다. 선교 양심을 회복해야 하고, 다시 시작하는 용기와 결단의 행동도 요구되는 것입니다. 그런 의미에서 자국인 선교운동(Native Mission Movement)은 필연입니다. 자국인 선교사를 동원하자는 것은 상식이고 21세기 한국선교의 핵입니다. 히말라야의 에베레스트 산 정복은 현지인 셀파 없이는 불가능합니다. 이라크 전쟁에 미영연합군의 힘으로는 전혀 불가능합니다. 거대한 미군이 월남에서 패전한 쓰라린 역사를 우리는 알고 있습니다. 선교에도 상식이 통해야 합니다.

한국교회의 힘을 알아야 합니다. 우리나라의 5만 한국교회 40%가 미자립교회입니다. 30년 부흥으로 반짝하더니 이제는 전도가 안 됩니다. 한국교회가 선교 숫자로 자만하기에는 우리의 모습이 부끄럽기만 합니다. 선교에도 하프타임이 필요합니다. 새롭게 출발해야 합니다.

얼마 전 한국선교 못자리 나라에서 온 선교편지입니다. 두 가지 기도제목입니다. 첫째는 1만 불짜리 성전건축이고, 둘째는 1만 불짜리 중고 지프차입니다. 그 이상의 비전이 보이지 않는다는 안타까운 사실이 가슴을 아프게 합니다.

한 가지 비전과 소망이 있습니다. 어느 나라에서든지, 어느 족속에서든지, 누구든지 할 수 있는 길이 있습니다. 세례 요한의 마음입니다. 그는 흥하고 나는 쇠하면 됩니다. 자국인 선교를 통한 세계선교입니다. 그들이 정상을 정복하게 하고, 그들이 고래를 잡게 하고, 그들이 열매를 거두게 하고, 그들이 금메달을 따게 하면 됩니다. 그들이 기쁨이 충만할 때에 한국교회와 대한민국을 21세기 세계선교 일등국이 되게 하실 것입니다.

"2030년까지 100만 명의 자국인 선교사를 주옵소서."
생각만 해도 가슴이 뛰고 구름 위를 나는 것 같습니다.

2030년까지 한국교회는 100만 명의 선교사를 파송할 수 있습니다.

사명을 가지고 파송하는 일에 집중하여야 합니다.

I(나)가 아니라 N(자국인 선교사 : Native Missionary)입니다.

한국에서 보내는 한국인 선교사 파송이 아닙니다.

선교현장(한국 포함)에서 자국인 선교사를 파송하는 것입니다.

피나는 훈련과 희생이 필요합니다

요즘 유럽에서는 성공한 사람을 평가하는 외형적 기준이 있다고 합니다. 성공한 사람은 "스위스 월급을 받고 프랑스 요리를 먹으면서, 독일차를 타고, 손에는 삼성 애니콜 휴대폰을 들고 다녀야 한다."고 합니다. 그만큼 대한민국의 위상이 높아진 것입니다.

세계선교 현장은 어떠합니까? 단연 대한민국입니다. 세계 어느 곳을 가 보아도 한국 선교사의 위력은 대단합니다. 전 세계 24,000 종족 중 같은 종족끼리 총부리를 겨누고 죽기 살기로 싸운 분단된 나라에서 어떻게 그 많은 선교사를 보낼 수 있는지 참으로 하나님의 은혜가 아닐 수 없습니다. 경제난으로 대통령의 인기가 바닥을 치는 나라에서 그 많은 선교비를 감당할 수 있으니 기적이 아닐 수 없습니다. 더 놀라운 사실은 보내는 못자리 교회의 절반이 경제적으로 미자립교회라는 것입니다. 그런데도 어떻게 그 많은 선교사를 보낼 수 있는지 꿈꾸는 것 같은 하나님의 은총과 축복이 아닐 수 없습니다.

인천의 한 교회에서 부흥회를 인도하고 왔습니다. 모이는 인원이 새

벽예배, 낮 예배와 밤 예배가 같은 교회입니다. 알고 보니 직장을 결근하고 낮 예배에 참석한 것입니다. 마지막 날 밤 온 성도가 함께 부른 찬양입니다. 눈물과 감격으로 어울려 부른 찬양은 분명 하늘 천사의 합창이었습니다.

'오라, 우리가 세상을 변화시키자!'
1. 이 세상은 날이 갈수록 악해져가고 온 거리마다 넘쳐나는 죄악의 물결
2. 사람들은 참 자유가 뭔지도 모르고 어둠의 길을 방황하며 소리 지르네
3. 어느 누가 이 세상을 구할 수 있으랴 하나님 없는 저들에겐 오직 죽음뿐
   후렴) 오라(가자) 우리가 세상을 변화시키자 오라(가자) 우리가 예수 그리스도로

바쁜 시간을 틈내어 모처럼 선교지에 다녀왔습니다. 몸도 가정도 돌보지 아니하고 헌신하는 선교사를 뵙고, 듣고, 은혜도 받고, 선교를 배우는 즐거움은 최고의 행복이 아닐 수 없습니다. 그러나 희망이 보이지 않는 선교사들을 보는 아픔도 있었습니다. 절망을 느낍니다. '목수인가? 목사인가?' '사역자인가? 사업가인가?' 준비 없이, 할 수 없이 길을 떠났어도 하나님의 섭리하심과 계획하심이 있습니다. 성장하면 됩니다. 성숙하면 됩니다. 골리앗 앞에 사울 왕은 아니더라도, 소년 다윗은 될 수 있습니다. 사울 왕의 갑옷과 투구 그리고 빛나는 창과 검은 준비할 수 없어도, 날렵한 소년 목동의 남루한 의복과 흔해 빠진 물맷돌은 골라잡을 수 있습니다.
결단이 필요합니다. 피나는 훈련과 희생이 필요합니다. '본질인가? 소유인가?' 선택하여야 합니다. 정체성의 회복은 양심의 회복입니다. 자연스러운 방법은 선하게 나오기 마련입니다. 사울 왕에게 버림받은 다윗에

게, 세상에서 버림받은 400명이 모이게 마련입니다(삼상 22:2). 그들이 왕국건설의 초석이 된 것입니다.

선교 역시 마찬가지입니다. 성경적 선교입니다. 예수님은 이 땅에 120명을 남겨 놓고 가셨습니다. 바울 선교사는 그 당시 땅 끝인 로마에 30여 명의 동역자와 현지 개척교회 지도자들을 세우고 떠나므로 개척선교의 모델을 보여 주셨습니다. 믿음의 조상 아브라함 역시 318명의 기병으로 세계 전쟁의 승리자가 되었습니다. 그런 의미에서 자국인 선교 운동은 누구나 성공할 수 있는 효과적인 사역입니다. 그리고 영원히 계속될 수밖에 없는 사역입니다. 한 영혼을 보듬는 진정한 슬픔만 있어도 할 수 있는 최고의 선교입니다.

"2030년까지 100만 명의 자국인 선교사를 주옵소서."
생각만 해도 가슴이 뛰고 구름 위를 나는 것 같습니다.

자국인 선교에 눈이 열려야 합니다

1월 첫 주에 들려오는 기쁜 소식입니다. "2005년 한국교회 선교사 14,012명 파송"이라는 기독신문 헤드라인 제목입니다. 한국세계선교협의회(KWMA)가 지난 2005년 9~12월 26개 국내 중요 교단, 교단 선교부와 108개 선교단체에서 파송된 선교사 수를 조사하였습니다. 그 결과 총 14,012명을 파송해, 지난 2004년 12,159명에 비해 1,853명이 증가한 것으로 나타났습니다. 이는 1998년 이후 매년 1,317명씩 증가하던 추세보다 약 천 명이 더 많은 것입니다. 더욱이 교단이나 선교단체에 소속되지 않고 교회 단독 파송 등을 포함한 비공식 통계 5천여 명을 합치면 19,000명에 이르는 수치입니다.

그럼에도 불구하고 마음 한구석에 이대로는 안 된다는 안타까운 예언자의 소리가 들려옴은 웬일일까요?

아버지와 아들이 사막을 걷고 있었다. "아버지 언제쯤 목적지에 도착할 수 있을까요?" 아들이 머리 위에 있는 태양을 바라보며 아버지에게 물었

'세계선교' 어떻게 할 것인가?

다. "얘야, 그것보다 앞을 잘 보고 걸어야 한다." 아버지는 지도와 나침반을 연신 펼쳐보며 아들에게 말했다. 주위에는 바위와 자갈이 널려 있었고, 그 틈새로 선인장이 가시를 드러내고 서 있었다.

"이러다간 평생 이곳을 못 벗어날 거예요. 벌써 며칠이 지난 줄 아세요?" 아들의 얼굴은 불안하고 창백해지고 있었다. 아들은 대답 대신 나침반만 내려다보며 방향을 확인하는 아버지에게 화가 났다. "아버지! 좀 더 빨리 걸어야겠어요. 걸음을 재촉하세요." 그때 아버지는 오른팔을 뻗어 가리키며 아들에게 말했다. "얘야, 이쪽이다. 우리는 다른 방향의 길을 걷고 있었던 거야." 두 사람은 방향을 바꾸어 다시 며칠을 걸은 후에야 목적지에 도착했다. 그날 저녁 어스름 녘에 아버지가 아들을 불렀다. "얘야, 시간이란 그다지 중요한 것이 아니란다. 그보다 더 중요한 것은 방향이라는 것을 잊지 말아라. 하마터면 우리는 영원히 사막에서 헤맬 뻔 했구나. 자 이걸 너에게 여행의 선물로 주마." 아버지는 자신이 가장 소중히 여기던 나침반을 아들에게 내밀었다. 그러자 아들이 손목에 차고 있던 시계를 풀어 아버지 앞에 건네며 말했다. "고맙습니다. 아버지 이건 제가 스스로 방향을 가늠할 수 있을 때까지만 아버지께서 보관해 주세요."– "아버지와 나침반" 중에서

그렇습니다. 21세기 선교한국에 주시는 메시지입니다. 자랑스러운 선교사님들이 지도와 나침반을 소유하셔야 합니다! 시계만으로는 안 됩니다! 정말 큰일납니다! 함께 망하는 일입니다! 2030년까지 100만 명의 자국인 선교사를 파송하자는 외침은 한국교회에 주시는 지도와 나침반이라고 확신합니다. 그럼으로써 한국교회에 나침반과 같은 교회와 담임목사가 나와야 합니다. 그리고 나침반과 같은 선교사가 나와야 합니다.

이제 새봄이면 은퇴하시지만, 은퇴 없는 선교지도자의 삶을 열어 가실 전주 안디옥교회 이동휘 목사님은 한국교회에 주신 선교 지도자 모델입니다. 물론 깡통교회인 전주 안디옥교회 역시 모델교회입니다. 1986년 3월 세계선교를 위해 개척한 전주 안디옥교회를 중심으로 설립된 바울선교회는 291명의 선교사를 파송한 초교파 선교회로 한국 선교단체의 모델이라 할 수 있습니다. 바울선교회의 5대 목표 중 첫째가 '그리스도의 복음을 모든 족속에게 가장 빠른 시일 안에 전한다.' 입니다. 하나님은 뜻을 주시고, 찾는 자에게 길을 주십니다. 브라질 상파울로에 있는 남부신학교를 시작으로 마닐라 안티폴로에 있는 선교사훈련원에서 자국인 선교사를 훈련하여 모슬렘권을 중심으로 선교사를 파송하기 시작하였습니다. 브라질 남부신학교에서는 포르투갈문화권, 필리핀에서는 영어문화권에 보낼 선교사를 훈련합니다. 언제나 최우선 과제인 선교비는 월 300불이면 됩니다. 파송될 현지에 있는 한국선교사와 협력하니 먹고 자고 사역하는 데 염려할 필요가 없습니다. 언어가 능통하니 금상첨화입니다. 보내는 한국 선교사와 브라질 현지교회와 필리핀 모교회가 기도와 물질로 협력합니다.

자국인 선교에 눈만 열리면 한국선교에 지각변동이 일어나고 혁명적인 시너지효과가 극대화될 것입니다. 그러므로 모델 선교사가 일어나야 합니다. 예를 들면 아프리카 N국은 선교사의 못자리입니다. 200년 전에 SIM이 세운 현지교회가 5천 개가 있습니다. N국 주변의 나라는 모두가 모슬렘권입니다. N국에서 자국인 선교사를 파송하는 데 월 100불이면 됩니다. 자국인 선교사 동원과 파송에 눈만 열리면 됩니다. 아시아에 있는 P국은 한국 선교사의 최고 못자리입니다. 자국인 선교에 눈만 열리면 선교사 재배치 국가에서 벗어날 수도 있습니다. 8,300만 현지인 중 10%가 외국인 노동자로 나가서 벌어들이는 돈으로 사는 나라입니다. 진젠도르프의 모

'세계선교' 어떻게 할 것인가?

라비안 교회처럼 텐트메이커 선교사로 훈련하여 파송하면 됩니다. 아람 나라의 군대장관 가정의 어린 소녀처럼 위대한 선교사역을 감당할 수 있습니다. 자국인 선교에 눈만 열리면 됩니다.

"2030년까지 100만 명의 자국인 선교사를 주옵소서."
생각만 해도 가슴이 뛰고 구름 위를 나는 것 같습니다.

저비용·고효율 선교

한국교회의 선교 길라잡이가 되는 바울선교회 국제본부장이신 한도수 선교사는 이제 한국 선교사를 대표할 만한 선임선교사입니다. 그의 글을 소개합니다.

내가 분부한 모든 것을 가르쳐 지키게 하라(마 28:20)는 예수님의 말씀에 대하여 교회는 기독교 교리와 기독교 생활에 대해서는 잘 가르치는데, 정작 제일로 중요한 예수님의 가르침인 선교는 가르치지 않고 있다. 그러므로 교회가 개척될 때는 물론이요, 교회가 성장해도 선교에 대해서는 관심이 거의 없거나, 선교를 한다 해도 그것은 사명보다는 교회의 위상을 위함인 것을 볼 수가 있다. 그러나 교회 개척부터 선교하는 교회들이 이 땅 위에는 많이 있다. 그중에서도 전주 안디옥교회는 현대교회의 모델이 된다. 전주 안디옥교회는 개척 때부터 재정의 60% 이상을 선교에 사용하고 있으며 전교인이 선교를 위해 기도하며 선교에 참여하도록 교회의 시스템을 만들어 운영하고 있다. 바울선교회는 지난 2004년 선교사 전체 수련회를 통하여 성경적인 선교를 다시 한 번 재확인하고 선교지에서 선교사가 개인전도하여 양육단계서부터 선교를 가르침은 물론 교회를 개척할 때부터 선교를 가르쳐 교회가 선교를 위해 기도하고, 선교헌금을 하게 하고, 선교사로 소명 받은 자는 따로 세워 훈련하여 타문화권 선교사로 보내도록 하는 정책을 수립하였다. 이러한 정책을 채택한 바울선교회는 2004년에는 브라질에서 13명의 선교사 후보생을 선발하여 8개월간의 훈련 후 앙골라(6명), 모잠비크(2명), 파라과이(1명), 볼리비아(2명), 말레이시아(2명)에 파송했으며, 2005년에는 필리핀에 12명의 선교사 후보생을 선발하여 6개월간의 훈련 후 페루(2명), 짐바브웨(2명), 우간다(1명), 남아공(1명), 캄보디아(4명), 태국(1명), 라오스(1명)에 지난 2월 14일 파송하였다. 파송 받은 현지 선교사들도 선교지에 가서 위와 같이 선교를 가르쳐 선교를 위해 기도하게 하고, 선교를 위해 헌금하도록 하고, 선교에 소명 받은 자를 따로 세워 훈련 후 선교사로 보내도록 할 것이다. - 2006.3.2 〈바울선교회 소식지〉

참으로 양심이 있는 선교지도자라면!

이제는 탁상공론을 할 때가 아니고 한국교회 선교현장을 냉철하게 진단할 때가 되었다고 봅니다. 선교사 파송 제2위 국가라고 자랑만 할 것이 아니라 하나님 앞에서 낡은 옷을 벗어 던지고 새 옷을 입을 때가 되었습니다. 삭막한 겨울 산이 새봄에 새 옷을 입듯, 선교 역사도 하루 빨리 변화되어야 합니다.

참으로 양심이 있는 선교사라면!

지금의 선교사의 삶이 만족스럽고 행복한 길을 가고 있는지 평가하고 새롭게 출발할 때가 되었음을 자각해야 합니다. 월드컵을 준비하는 선수들을 보십시오. 감독에게 인정받아 21명의 엔트리에 들려고 몸부림치지 않습니까? 21세기 선교한국에서도 새 출발을 위한 몸부림이 자생적으로 일어나야 합니다. 각 교단과 선교단체는 시스템으로라도 만들어야 할 때입니다. 예수님이 이 땅에 인간의 몸을 입고 선교사로 오신 것입니다. 살려고 오신 것이 아니라 죽으려고 오신 것입니다. 썩어진 밀알이 되어 열매 맺기 위해 오신 것입니다.

21세기 한국교회의 나아갈 길은 세계선교입니다. 이제 한국교회는 저비용·고효율 선교로 새 출발 할 때가 되었습니다. 선교도 경영입니다. 우리 스스로 깨닫지 못하니 하나님께서 선교단체를 보내어 보여 주셨습니다. 효과적인 복음전파를 위해 현지인 사역자를 키우는 선교단체입니다. 인도인이 설립하고 운영하면서도 규모 면에서나 사역의 내용 면에서 특별히 귀한 선교단체가 한국에 새로운 사무실을 열고 미국과 한국에 있는 한인교회를 향한 사역을 시작한 것입니다.

GFA(Gospel For Asia)라는 선교단체의 가장 중요한 메시지는 한 지역에서 복음을 전하는 데 있어 외국에서 파송한 선교사들보다는 현지인 사역자들의 활동이 훨씬 효과적이고 긴요하다는 것입니다. 매일 8만 명의 아시아인이 복음을 듣지 못한 채 죽어 가는 현실을 생각해 볼 때 아시아로 복음을 들고 나아가야 하는 사역의 중요성은 그 어느 때보다 강조됩니다. GFA는 아시아에서도 크리스천이 거의 없거나 전혀 없는 지역에 현지인 선교사를 파송하고 교회를 세우는 일을 전문적으로 하는 기관입니다. GFA를 통해 사역하는 현지인 선교사는 아시아 10개국 14,500명에 이르고, 이들을 통하여 133곳에 성경학교를 세워 7천 명의 교사 후보생을 양성합니다. 현재 GFA의 목표는 10만 명의 현지인 선교사를 아시아 전역에 세우는 것입니다.

미전도 저개발국 파송선교사가 월 100불이면 자국인 선교사 한 가정을 파송할 수 있습니다. 특히 아시아와 아프리카의 모슬렘과 힌두교 선교지역에는 얼마든지 휘어져 낫을 기다리는 알곡들이 많고 많습니다. "와서 우리를 도우라"는 마게도냐인의 애절한 손짓과 음성을 들어야 합니다. 우리는 그동안 너무 값비싼 선교사만을 보낸 것 같습니다. 적은 비용으로 효과적인 선교를 할 수 있는 방법은 현지인 선교사를 파송하는 일입니다. I(나)가 아니라 N(Native, 현지인)입니다.

"2030년까지 100만 명의 자국인 선교사를 주옵소서."
생각만 해도 가슴이 뛰고 구름 위를 나는 것 같습니다.

선교사는 최고의 명예요 자랑입니다

　사람이 살아가는 데, 언제든지 문제가 있기 마련입니다. 왜냐하면 에덴동산에서 쫓겨난 인간이기에 피할 수 없는 인간의 고통이기 때문입니다. 무덤으로 갈 때 육체의 문제는 끝납니다. 우리 영혼이 천국에 가면 에덴동산의 기쁨을 회복할 것입니다. 특별히 지방선거를 앞둔 우리나라 정치는 진흙탕 속 같습니다. 많이 가진 자들의 문제이니 불쌍한 사람은 백성이고 암담한 것은 나라의 미래입니다.

　이럴 때 회자되는 단어가 소위 노블리스 오블리주(Noblesse Oblige)입니다. 프랑스어로서 '가진 자의 도덕적 의무'를 뜻합니다. 노블리스가 명예를 강조하는 말이라면 오블리주는 의무를 강조합니다. 노블리스는 본래 귀족(Nobility)을 뜻하는 단어이고 오블리주는 의무(Obligation)를 뜻하는 단어로 직역하면 귀족의 의무(Obligation of Nobility)라는 뜻입니다. 이 단어의 유래는 로마시대에 귀족들이 보여준 투철한 도덕의식과 솔선수범하여 헌신하는 공동체 정신을 높이는 데서 유래하였습니다.

　그런 의미에서 최고의 노블리스 오블리주가 요구되는 곳은 어디이고,

누구입니까? 두말 필요 없이 교회이고 성직자들입니다. 성직자들 중 최고의 노블리스 오블리주가 요구되는 사람이 누구일까요?

기독교 2천 년 역사상 최고의 지도자는 바울 사도입니다. 바울 사도가 고린도전서 12장 28절에서 "하나님이 교회 중에 몇을 세우셨으니 첫째는 사도요…."라고 말씀합니다. 에베소서 4장 11절에서 "그가 혹은 사도로 혹은 선지자로 혹은 복음전하는 자로 혹은 목사와 교사로 주셨으니…"라고 합니다. 그렇다면 본문에서 첫째라는 것은 시간상으로 또 위치상으로 첫째라는 의미였을 것입니다. 헬라어 'Apostello'가 사도의 어원입니다. 그 동사의 의미는 '내가 파송하다. 멀리 보내어 버리다. 앞으로 나아가다.' 입니다. 예수님께서 하신 처음 사역이 기도하신 후 사도라 불리는 열두 명을 선택하시고 훈련하시고 세계구원을 위해 파송하신 것입니다.(마 28:18~20)

그렇다면 오늘의 사도는 누구입니까? 30년 이상 선교사의 삶을 살고 있는 타의 추종을 불허하는 최고의 선교 지도자 중의 한 사람인 패트릭 존스톤(Patrick Johnstone)의 말에 귀를 기울여야 합니다.

사도와 선교사는 동의어이다. 그러나 선교사와 사도라는 단어의 연결점이 상실된 것은 비극이다. 오늘날 우리는 선교(Mission), 선교사들(Missionaries)이라는 단어를 사용하고 있지만 영어 성경에서는 이런 단어들이 전혀 나오지 않는다. 그러나 오늘날 우리는 선교사(Missionary)라는 단어를 사용하고 있는데 선교사란 말은 사도(Apostle)라는 의미이다. 'Missionary'라는 단어는 'Apostello'라는 뜻을 가진 라틴어 'Mitto'에서 파생되었다.

그렇습니다. 누가 뭐라 해도 세상과 교회에서 첫째 되는 사람은 '선교사' 입니다. 이 땅에서는 영원한 부목사처럼 살고, 아니면 평생을 도움 받아 사는 신령한 거지처럼 보일지 몰라도 본향 천국에 가면 영원히 해처럼 빛나게 하실 것입니다. 선교사야말로 최고의 명예요 자랑이요 기쁨이요 면류관입니다. 그런 의미에서 보내는 교회, 보내는 선교사 역시 세상과 교회에서 첫째 되는 존귀한 귀족이 아닐 수 없습니다. 노블리스 오블리주 (Noblesse Oblige). 선교하는 교회의 지도자들과 선교현장의 선교사들에게 주시는 명제(命題)가 아닐 수 없습니다.

21세기가 마태복음 24장 14절이 응답되는 종말의 시대임을 믿고 헌신할 때 선교한국의 책임은 막중하기만 합니다. 그런 의미에서 2030년까지 자국인 선교사 100만 명을 보내자는 외침은 광야에서 외치는 소리입니다. 이 귀한 사명은 영성의 충만함 없이는 불가능한 일입니다. 자기포기의 십자가 복음 없이는 보이지 않을 뿐 아니라 순종할 수도 없기 때문입니다. 십자가 사랑에 감격하여 배와 그물을 버리고 예수님을 따랐던 처음 사도 (선교사)들처럼 순도 100% 헌신된 보내는 교회와 선교사들이라면 생각과 삶이 바뀌게 마련입니다. 지금처럼 '고비용 저효율'의 선교가 아니라 '저비용 고효율'의 자국인 선교(Native Mission)로 갈 수밖에 없습니다.

17세기의 위대한 사상가인 파스칼은 "인간은 우주에서 가장 위대한 존재이면서 가장 수치스런 존재이다."라고 하였습니다. 그렇습니다. 성 베드로도 될 수 있고 배신자 가룟 유다도 될 수 있습니다. 세계교회의 희망은 한국교회 선교에 있습니다.

깡통교회 이동휘 목사의 원로목사 추대 및 선교사 파송예배에 참석하였습니다. 교회 창립 23주년에 320명의 선교사를 파송한 바울선교회의 어머니 교회인 안디옥교회는 금세기 최고의 선교 모델교회입니다. 교단 법에 따라 은퇴하지만 교회의 사랑과 배려로 선교사로 파송되어 새 출발 하시는 이동휘 목사는 최고의 선교 모델이십니다. 참으로 우리 모두가 배우고 닮고 따라야 할 노블리스 오블리주의 모형인 것입니다.

"2030년까지 100만 명의 자국인 선교사를 주옵소서."
생각만 해도 가슴이 뛰고 구름 위를 나는 것 같습니다.

선교의 CEO가 되기 원한다면

'기업수명 30년' 설은 미국과 일본에서는 상식으로 통합니다. 우리나라의 예를 보아도 30년 전 100대 기업 중 살아남은 기업은 16개에 불과합니다. "마누라와 자식만 빼고 다 바꾸어 보자."고 외치며 미래경영을 준비하는 S그룹 총수의 말을 귀담아 들어야 합니다. 변화를 두려워하는 자에게는 내일의 희망이 있을 수 없습니다. 신약(新藥)이나 신물질 개발에 평균 12,000번 실패가 반복되고, 석유탐사에는 최소 25번 실패 후 유정(油井)을 발견한다 합니다. 실패는 병가상사(兵家常事)입니다. 현실을 직시하고 분석하며 자인하고 보안하고 개혁하고 회개하며 새 출발 해야 합니다.

특별히 21세기 선교한국에 가장 필요한 분야 중 하나는 '경영'입니다. 목회에도 경영이 도입되어야 합니다. 경영은 종합예술입니다. 탁월한 영화감독이 좋은 작품을 만들고, 탁월한 CEO가 세계적인 기업을 일으킬 수 있습니다. 선교에도 이제 탁월한 CEO가 나와야 합니다. 그리고 세워야 합니다. 지금 한국선교는 사사기 시대와 같습니다. 탁월한 지도자 사무엘이 나와야 합니다. 성군 다윗이 혜성처럼 나타나야 합니다. 타락한 실로의 엘리 성전에서 사무엘을 키우셨으며, 시골목장에서 다윗을 양육하고 훈련하셨습니다.

인터콥의 아프간 평화축제는 2006년 8월에 2천 명이 동원된다고 합니다. 기독교 행사가 아니고 평화축제 및 어린이와 청소년 문화축제로 스포츠 행사로 진행되기 때문에 결코 위험하지 않다고 합니다. 평화가 절실한 사람들에게 희망과 위로를 준다는 것입니다. 그러나 현지 선교사들은 우려하고 있습니다. 추후에 선교사들이 테러의 표적이 될 수 있기 때문입니다. 선교는 순교를 각오하는 것인데 문화축제 하다가 죽어서 되겠습니까? 불길 속에 뛰어드는 위험한 선교이니 자제해야 한다는 어른들의 말씀이 먹혀들지 않습니다.

25세의 새파란 청년이 독신으로 한국 장로교 선교사의 첫발을 옮긴 이래 4대가 대를 이어 한국 사랑의 불을 태움으로 선교한국의 불멸의 금자탑을 세웠습니다. 그 이름이 바로 언더우드입니다. 그 당시 최북방 선교지역에서 활동하던 블레어 선교사의 애도편지는 못나게 사는 오늘의 내 가슴에 떨림과 고민을 안겨주고 있습니다.

어디를 가나 언더우드의 죽음을 슬퍼하는 사람들을 만날 수 있습니다. 언더우드가 한국인의 가슴 속에 어떤 자리를 차지하고 있었는지 알고 보니 놀라울 따름입니다. 심지어 기독교인이 아닌 이들조차 그에 대하여 그리고 그의 한국에 대한 깊은 사랑에 대해 잘 알고 있는 것 같습니다.

언더우드는 분명 선교의 CEO이었습니다. 하나님이 특별히 파송하신 사무엘이었고 다윗이었습니다. 그렇습니다. 처음 선교사이며 선교의 CEO요 한국선교의 그루터기인 언더우드에게 경영수업을 받아야 할 때입니다.

첫째, 첫 단추가 중요합니다. 넉넉지 않은 선교비, 커다란 카메라와 타자기 한 대를 챙겨서 샌프란시스코를 거쳐 제1차 기착지인 일본의 요코하마에 도착하였습니다. 미 장로교가 파송한 일본 선배 선교사인 '헵번'을 통하여 일본과 한국에 관한 정보를 수집하면서 선교활동을 착실하게 준비하는 중 선교사들과 일본 현지 기독지도자들의 소개로 한국의 농업연수생 이수정을 만난 것이 한국선교의 열쇠(Key)가 되었습니다. 일본에 머무는 동안 그가 번역하여 미국 성서공회 일본지부가 발행한 한글 〈마가복음서〉를 건네받았고 그로부터 간단한 한국말을 배웠으며 한국 풍습과 문화에 대한 기본적인 오리엔테이션을 받게 됩니다. 한국의 양반선비였던 이수정과 만남을 통하여 미국에서 지녔던 한국에 대한 오해를 불식시킬수 있었습니다. 은둔의 나라로 지목된 한국에 대한 지나치게 잘못된 선입견을 고칠 수 있었던 것은 하나님이 주시는 충격적인 사건이고 축복이 아닐 수 없었습니다. 유구한 한국의 역사, 문화, 사상, 종교, 풍습, 전통 앞에서 무릎을 꿇고 겸손히 배우는 선교사, 오늘 우리도 배워야 할 것입니다.

둘째, 북방 선교의 루트를 발견하였습니다. 언더우드를 놀라게 한 일은 이미 한국에 기독교 선교 흔적과 전통이 존재한다는 사실이었습니다. 개신교 선교 시작 100년 전 이미 한국에는 가톨릭교회가 세워졌고 여러 차례 박해로 인해 피비린내 나는 순교의 역사를 가지고 있었던 것입니다. 더욱이 개신교 선교에 있어서도 공식적인 첫 주재 선교사인 자신이 도착하기 전 '만주에서 온 사람들'에 의한 전도활동이 전개되어 왔습니다. 그 결과 이미 많은 수의 세례지원자가 존재하였을 뿐 아니라 만주의 스코틀랜드 장로교 선교사인 로스와 매킨타이어를 통하여 성서번역과 권서전도가 이루어지고 있었습니다. 그뿐 아니라 이미 소래에 토착교회가 있었다는 것은 세계선교 역사에 빛나는 하나님의 선재은총이 아닐 수 없습니다.

'세계선교' 어떻게 할 것인가?

1887년 9월 28일 화요일 저녁 언더우드는 자신의 정동집 사랑채에서 한국 최초의 처음 장로교회(현 새문안 교회)를 설립할 때, 봉천에서 온 서상륜을 중심으로 그에게 전도 받은 12명 중 두 사람을 장로로 장립하고 당회를 조직하였던 것입니다. 언더우드의 감격에 찬 고백입니다. "나는 씨앗을 뿌리러 왔으나 이미 열매를 거두게 되었구나."

옛날이나 지금이나 선교현장의 CEO가 되기를 원한다면 선교사 자신을 십자가 앞에 내려놓아야 합니다. 현지인의 무릎 앞에서 그들이 흥하고 나는 쇠하여야 하리라는 고백이 있어야 합니다.

셋째, 네비우스 선교방법에 눈을 뜨고 자국인 선교를 일으키게 한 것입니다. 1890년대 오랫동안 중국에서 선교활동을 한 선배 선교사를 인정하고 존경하고 따르므로 겸손한 자에게 주시는 하나님의 축복이 임하였습니다. 네비우스 선교사 초청세미나에 최고의 영적전쟁터인 선교현장에서 전술과 전략을 터득하게 된 것입니다. 자전(自傳), 자치(自治), 자립(自立), 자축(自築)의 비밀입니다. 그러나 오늘 선교현장의 상황과 우리의 모습은 어떠합니까?

선교의 CEO 언더우드에게 배워야 합니다. 천하만사는 교육 없이는 불가능합니다. 이제라도 늦지 않았습니다. 이 방법이 성경적인 방법이고 선교의 사령관이신 예수님의 전략이고 바울 선교사의 전술인 것입니다.

"2030년까지 100만 명의 자국인 선교사를 주옵소서."
생각만 해도 가슴이 뛰고 구름 위를 나는 것 같습니다.

자국인 선교

월드컵 응원가를 부르는 6월 한 달은 둥근 축구공에 세계가 열광합니다. 2002년 월드컵 4강의 감격과 기쁨을 회상하면서 좋으신 우리 예수님이 400g밖에 되지 않는 축구공만도 못하단 말인가? 안타까움을 느낍니다. 최근 보도에 따르면 한국의 경제규모가 마침내 세계 '톱10'에 진입했다고 합니다. 당초 예상으로는 2020년에나 달성될 것 같았으나 2005년 GDP 7,930억 달러로 2004년 11위에서 인도를 제치고 10위로 올라섰습니다.

40년 전만 해도 필리핀 국민들은 동남아시아에서 제일 높은 소득을 자랑하였으며, 1955년 한국의 1인당 국민소득이 60달러일 때 필리핀은 3배인 190달러였습니다. 60년대 초에는 필리핀 업체들이 한국에 들어와 장충체육관도 짓고 광화문의 문화관광부와 주한미국대사관 건물도 관리할 만큼 필리핀은 축복이 지속될 것처럼 보였습니다. 그러나 지금의 현실은 어떠합니까? 지금은 가난한 나라가 되었습니다. 2004년 한국과 필리핀의 1인당 국민소득 국내 총생산량은 14배의 차이로 크게 역전(14,193달러 : 1,036달러)되었습니다. 필리핀은 매일 3,100명, 연간 1백만 명 이상이 일자리를 찾아 조국을 떠나야 하는 나라입니다. 현재 북한을 제외한 거의 모든 나라에 필리핀 사람들이 가 있습니다. '유비쿼터스 필리피노스(언제 어디에도 있는 필리핀 사람들)'라는 말도 생겼습니다. 아빠 엄마가 모두 돈 벌러 해외로 나가기 때문에 필리핀 어린이들은 할머니들이 키웁니다. 심지어 의사들마저 개업을 포기하고 다시 간호학교로 들어가 간호사로 변신하여 미국이나 유럽으로 나가는 지경에까지 이르러 간호사의 85%가 해외로 빠져나가므로 의료 인프라가 무너졌습니다. 이제 필리핀은 인구 8,800만 명 중 10%가 넘는 900만 명이 해외로 나가 연간 100억 달러를 벌어오지 않으면 부도가 나는 나라가 되었습니다.

그런데 우리 대한민국의 경제부흥의 동인은 어디에 있을까요? 세계선교를 위한 하나님의 축복하심입니다. 한마디로 말하면 '선교 경제'입니다. 미래학자 피터 드러커의 말대로 우리나라는 세계 최고의 나라입니다. 1950년 초 한국전쟁과 제2차 세계대전을 비교할 때 우리나라만큼 철저히 파괴된 나라는 없었습니다. 피터 드러커는 인적자원을 질적으로 혁신하는 데 성공한 것이 성공의 비결이라 합니다. 성취능력을 갖춘 전문경영자(CEO)가 미래의 희망이라는 것입니다. 경영자는 다른 사람들의 지식 생산성, 근로 생산성을 책임지는 사람으로 경영은 현대의 모든 조직에 필요하기에 NPO(비영리기관), NGO(비정부조직)에도 필요하다는 것입니다.

그렇다면 한국교회 선교의 과거와 현재 그리고 미래를 진단하고 개혁(회개)하고 예측하는 연구가 반드시 필요한 시점입니다. 한기총과 세계선교협의회 공동주관으로 5월 28일~6월 30일 서울 및 전국 대도시에서 열리는 세계선교대회와 선교전략회의(NCOWE4) 보고에 의하면 2030년까지 세계선교사 46만 명이 필요합니다. 현재 201,928명 활동 중인데 '한국선교 2030 프로젝트'는 2030년까지 10만 명의 선교사로 파송한다는 옹골찬 계

획입니다.(선교 125년 역사에 14,000명 선교사 파송으로 세계 2위)

그러나 한국교회의 현실은 어떠합니까? 5만 한국교회 중 미자립교회가 50~60%입니다. 지난 10년간 개신교회는 144,000명이 줄어서 862만 명입니다. 그러나 천주교회는 74% 성장으로 514만 명이고 불교는 40만 명이 증가되어 1,072만 명입니다. 이 통계는 정부가 집계한 것입니다. 이것이 오늘 한국교회의 모습이고 나의 모습입니다.

선교현장은 어떻습니까? MBC PD수첩은 필리핀 선교지의 '어글리 코리안'이라는 제목으로 해외 선교사의 실태를 고발하였습니다. 방송에서는 선교사의 후원금 관리 실태에 대한 문제까지 언급하여 한국선교는 양파껍질처럼 벗겨지고 말았습니다. 방송에 따르면 8년간 빈민선교를 위해 힘써온 김 선교사가 자신이 개척한 7개의 교회에 출석하는 16~21세의 소녀 6명을 성추행 및 성폭행 했다는 내용이었습니다. 8년간 빈민선교를 했으니 얼마나 많은 선교비가 투입되었으며 얼마나 많은 한국교회가 동원되었겠습니까? 7개 교회 건축비에다가 선교사 가족 생활비와 자녀교육비 등을 포함하면 천문학적인 한국교회의 피 묻은 사랑의 선교비가 낭비되고 만 것입니다. 900만 명이 해외로 살기 위해 떠날 수밖에 없는 가엾은 나라에서 선교사의 관심과 사역방향과 전략은 바르게 정해질 수밖에 없습니다.

자국인 선교(Native Mission)에 눈을 떠야 합니다. 한국선교 이대로는 안 됩니다. 계산상으로도 불가능합니다. 862만 명÷X=10만 명 선교사이면 성도 120명당 1명의 선교사를 파송해야 합니다. 불같은 부흥이 와야 하고 새로운 선교의 전환으로 선교감동이 파도처럼 일어나야 합니다. 그리고 불같은 부흥운동의 열매로 평신도 전문인선교사가 횃불처럼 일어나야 하며 선교현장에서는 자국인 선교운동으로 한국교회를 감동시킴으로 선교회복운동을 통한 선교바람이 불어야 합니다.

선교사는 천국에 가서 최고의 상급이 보장된 복의 근원입니다. 대한민국과 한국교회를 복되게 하는 통로요 축복의 씨앗입니다. 최전방의 십자가 용사입니다. 선교사가 쓰러지고, 무너지고, 웃음거리가 되면 한국교회는 희망이 없습니다. 어서 빨리 하나님이 남겨 놓으시고 숨겨 놓으신 7천 명이 일어나야 합니다. 자국인 선교사(Native Missionary)에 집중해야 합니다. 오늘 이 시간도 몸을 돌보지 아니하고 헌신하는 수많은 선교사들에게 박수와 함성을 보내드립니다.

"2030년까지 100만 명의 자국인 선교사를 주옵소서."
생각만 해도 가슴이 뛰고 구름 위를 나는 것 같습니다.

선교강국 대한민국

선교현장에 가서 3개월만 살다 보면 답이 나오기 마련입니다. 선교는 탁상공론으로는 안 됩니다. 현장을 두 발로 밟고 두 눈으로 보아야 합니다. 선교는 치열한 최전선의 영적 전투이기에 탁상공론으로는 아니 됩니다.

저는 지난 20여 년간 5대양 6대주의 선교현장을 보고 배울 수 있는 축복을 받은 목사요, 선교사입니다. 특별히 한국선교의 못자리인 필리핀, 필리핀에서도 최고의 선교 못자리인 바기오에서 3년 동안 현미경처럼 보았습니다. 그리고 깨달았습니다. 지금은 S.C선교사(Strategy Coordinator Missionary, 전략조정선교사)로서 선교사의 삶을 살고 있기에 애타는 마음으로 돌이 되어 자국인 선교의 외로운 나팔을 불고 있는 것입니다. 특별히 지난 6월 아프리카와 북유럽을 다녀왔습니다. 피곤함 속에서도 자국인 선교를 확인하는 시간이었습니다. 소똥으로 집을 짓고 사자와 맹수들과 함께 사는 마사이족을 누가 어떻게 구원하겠습니까? 북아프리카에서 남진하는 모슬렘의 강력한 행진 앞에서 한국 선교사 몇 명을 파송해야 그 세력을 막을 수 있겠습니까? 스칸디나비아 3개국은 지상천국을 이룬 개신교 나라입니다. 누가 그들의 조상입니까? 바다에서 해적질하는 포악한 바이킹족을 구원하는 선교의 주역이 누구였습니까?

저비용 고효율의 경영선교를 외치는 저는 「삼국지」도, 「로마인 이야기」도 읽어보고, 최근에는 김정한의 역사소설 「삼한지」 10권도 읽었습니다. 특별히 줄을 치면서 자주 읽는 책은 「칭기즈칸」입니다. 인류역사상 한 인물로 가장 많은 책의 주인공이 된 사람이 칭기즈칸입니다. 특별히 러시아를 방문하면서 많은 것을 배우고 느낄 수 있었습니다.

칭기즈칸의 몽골이 러시아를 240년간 통치하였습니다. 당시 유럽은 너무나 가난하고 쓸모없는 땅이었기에 황금의 땅 중동을 점령하는 통로에 불과했습니다. 러시아는 엄청난 나라입니다. 기차를 타고 버스를 타고 달리고 달려도 끝없는 대지에 뿌리를 내린 엄청난 삼림과, 땅속은 천연가스를 중심으로 지하자원의 보고입니다. 총인구 100만에 정예군사 10만인 내륙아시아 초원의 작은 부족연맹체가 정복한 땅은 현대 지도에서 30개국이며 인구로는 30억이 훨씬 넘는다는 사실은 다시 한 번 그의 힘을 가늠하게 합니다.

칭기즈칸 군대의 최고의 힘은 무엇입니까? 1278년 그 엄청나게 크고도 부요한 오늘의 중국 송나라를 20만 대군으로 통일하였습니다. 1218년 3만 명의 몽골군이 고려를 침공하였고, 1231년 3만 명의 정예 기마병이 재침공하므로 1232년 고종은 강화도로 천도하였으며, 지금도 제주도 붉은오름의 김통정이 이끈 70명의 장렬한 죽음의 항쟁으로 마감한 삼별초의 비극을 떠올릴 수 있습니다. 1273년 4월 여몽연합군 13,000명과 160척의 전함으로 시작하여 1274년 7월에 27,000명의 여몽연합군과 900척의 전함으로 1차 일본을 정벌합니다. 1281년에는 14만의 대군과 3,900척의 전함으로 2차 일본을 정벌합니다. 그러나 몰아치는 태풍으로 태평양 앞바다에 수장되므로 고기밥이 되고 맙니다. 그러나 몽골군은 슬퍼하지 않습니다. 그 많은 전함과 식량은 고려의 몫이었고 처참하게 죽어 간 수많은 군인들 대부분은 칭기즈칸의 군사가 아니라 점령지에서 살기 위해 뽑힌 현지인 군사들이었기 때문입니다.

한국교회 해외선교도 이제 자국인 선교에 눈을 뜰 때가 되었습니다. 2030년까지 한국교회가 100% 동원되어야 합니다. 10만 명 선교사를 파송하고 100만 명 전문인 선교사를 파송하고 전방개척선교를 다짐하는 '선교 강국 대한민국'을 향한 선교대장정(한기총과 KWMA 주관)도 은혜 중에 대단원의 막을 내렸습니다. 감사한 일입니다. 그러나 지금 단숨에 시작해야 할 시급한 일은 선교 전략적 패러다임 전환입니다. 아주 쉬운 일입니다. 선교하는 15%의 교회 지도자들과 선교사들이 마음만 먹으면 됩니다. 그 것은 바로 자국인 선교(Native Mission)입니다. 선교강국 대한민국이 되게 하는 하나님의 나팔소리가 되기를 기도합니다.

"2030년까지 100만 명의 자국인 선교사를 주옵소서."
생각만 해도 가슴이 뛰고 구름 위를 나는 것 같습니다.

'세계선교' 어떻게 할 것인가?

선교한국의 현주소

「월간조선(2006년 7월호)」에 '가톨릭 교세 폭발의 비밀'이라는 18쪽에 이르는 방대한 기사를 보면서 선교한국의 미래를 예측하며 고민하는 기도를 드렸습니다. 지난 10년간 천주교회는 신도 219만 명이 증가하였습니다(74.4%). 불교는 40만 5,000명이 증가하였습니다(3.9%). 그러나 개신교회는 14만 4,000명이 줄어들어 1,200만 한국교회 통계는 허수(虛數)이고 8,616,000명이라는 통계입니다(-1.6% 감소). 한국 천주교회의 폭발적인 성장세가 심상치 않습니다.

천주교 지도자들까지도 놀라고 어리둥절하게 만드는 천주교의 매력은 무엇일까? 청렴한 사제들입니다. 부패와 추문을 일으키는 지도자들이 없다는 것입니다. 통계 자체에서도 천주교회는 진실하다는 것입니다. 통계청이 조사한 숫자보다 천주교회가 발표한 숫자가 적다고 합니다. 교황은 죽어서 장례식을 하면서도 전도합니다. 영향력 있는 추기경의 말 한마디에 정치 실력자들이 꼼짝을 못합니다. 그리고 군대조직과 같은 천주교회의 조직력입니다. 경기 분당의 한 성당 신자가 15,000명이 넘지만 신부는

3명에 불과합니다. 전국에 성직자는 3천 명에 불과한데 신부 1명이 3천~4천 명 신자를 행정 처리하기만도 벅차다는 것입니다. 그러나 서울대 교구 중심으로 반모임이라는 소공동체 운동이 있습니다. 그리고 마리아 군단이란 뜻의 레지오 마리애(Legio Mariae)라는 평신도 단체가 있습니다. 단조직이 교회 지도자의 지도에 따라 기도, 전도, 복음, 선행을 실천하는데 2004년 통계로 27만 행동단원과 35,000여 개 프레시디움의 조직으로 성장하고 있다는 것입니다. 그리고 수도원적인 훈련을 통하여 성령쇄신운동이 강력하게 일어나고 있다는 것입니다.

그런 의미에서 선교한국의 현주소는 어떠합니까? 1988년 서울올림픽을 기점으로 초유의 부흥과 경제성장에 힘입어 선지학교마다 신학생들이 넘쳐나고 여름 홍수처럼 선교사들은 전 세계로 흩어져 파송되므로 21세기 선교강국이 되었습니다. 그러나 세계선교의 큰 흐름을 주도하는 그룹은 서구교회입니다. 한국교회 선교는 유행의 바람을 타고 회오리처럼 일어나다 꺼지고 맙니다. 북한선교, 중국을 통한 조선족선교, 탈북자선교, 미전도 종족입양선교, ○○프로젝트…. 왜 그럴까요? 선교의 연륜이 짧아서 그렇다고 위로를 받습니다. 그러나 여기에서 안주하고, 고민하고 연구하고 개혁하지 않으면 희망이 없습니다.

최근에 한국교회에 불어오는 선교의 바람은 '전방개척선교' 입니다. 한국교회에 주시는 선교의 새바람이고 축복입니다. 그러나 한국교회는 재해석하여 우리 옷으로 만들어 입고 재무장하여 골리앗과 같은 세계선교의 장벽을 허물고 승리의 함성과 나팔을 온 세계에 울려야 합니다.

'전방개척선교' 를 나름대로 재해석해 봅니다.

사람이 앞서가는 것이 아니라 성령께서 회오리바람을 타고 이끄시는 대로 가야 합니다. 새벽기도, 철야기도, 금식기도, 통성기도, 합심기도에

24시간 올려드리는 무시기도까지 함으로 사도행전 2장을 회복하여야 합니다.

경제성장을 통한 3D 업종인 중소기업의 인력부족 때문에 황금을 캐러 아시아 저개발국가에서 온 노동자들은 선교의 황금어장에서 온 큰 고기 떼들입니다. 교단과 교회가 연합하여 남김없이 바구니를 채워야 합니다.

세계에 흩어진 디아스포라 한국인들입니다. 자녀교육 때문에 흩어진 기러기 아빠까지 얼마나 많은 한인들이 흩어지고 있습니까? 그들 모두가 전문인 선교사가 되고 텐트 메이커 선교사가 되어야 합니다. 교회의 빈자리나 채워 목회자의 배를 채우고 교회의 바벨탑을 세우는 벽돌이 되어서는 큰일입니다.

모든 성도는 선교사입니다. 교회는 선교 공동체입니다. 성경은 선교의 교과서입니다. 성령 받은 모든 성도의 두 눈은 땅끝을 보아야 합니다. 두 팔을 벌려 세계를 품는 십자가의 사람이 되어야 하는 것입니다. 축복만을 소리치는 걸인이 아니라 통로가 되어야 하고 축복의 근원이 되어야 합니다. 왜 사느냐고 묻는다면 마태복음 28장 18~20절(Great Commission)이라고 외치는 순종의 사람이 되어야 합니다.

선교사의 재배치가 시작되어야 합니다. 디베랴 바닷가에 오병이어의 기적은 5천 명에게 골고루 먹이고도 12바구니가 남았습니다. 미전도 종족을 향하여 준비되고 훈련된 선교사들의 힘찬 행진이 시작되어야 합니다. 편한 환경과 장소에 몰려 있는 선교사들은 선한 양심을 회복하고 재배치의 물꼬를 트고 흐르게 하는 선구자들이 구름떼처럼 일어나야 합니다. 물론 교단과 선교회의 자발적인 시스템이 가동되어야 할 것입니다. 기독신자 비율이 20%도 되지 않는 대한민국에 미국 선교사들이 몰려온다고 가정할 때 얼마나 웃기는 일이 되겠습니까? 오늘 한국선교 현장 중에는 상식이하의 일이 벌어지고 있다는 사실을 간과해서는 아니 될 것입니다.

이 모든 문제를 해결할 수 있는 묘약이 있습니다. 모든 선교지의 선교사들 그리고 한국교회와 성도들이 한 곳에 집중하면 됩니다. 자국인 선교사(Native Missionary)를 파송하는 일입니다. 예를 들면 아시아의 필리핀과 아프리카의 케냐는 기독교 국가입니다. 그러나 한국 선교사의 못자리입니다.

케냐 주변 국가는 수단, 에티오피아, 소말리아, 탄자니아, 우간다입니다. 물론 소똥 집에서 맹수와 함께 사는 마사이족도 있습니다. 한국 선교사가 그들 속에 살면서 선교한다는 것은 불가능한 일입니다. 대부분이 모슬렘 국가인데 말과 언어를 배우는 일도 평생입니다. 사역의 집중화는 자국인 선교사 파송에 있습니다. 허공을 치는 나팔소리가 아닙니다. 현실이고 상식입니다.

"2030년까지 100만 명의 자국인 선교사를 주옵소서."

생각만 해도 가슴이 뛰고 구름 위를 나는 것 같습니다.

누가 이 일을 할 것인가?

세상만사는 모든 부분에서 프로가 필요합니다. 한국 축구가 2006년 월드컵에서 쓴잔을 마신 것은 여러 가지 이유가 있지만 히딩크 같은 감독이 없는 것도 한 이유일 것입니다.

시골 중학교 3년 동안 영어선생님이 다섯 번이나 바뀌었으니 영어가 될 리가 없습니다. 그것도 역사 선생, 국어 선생, 수학 선생 등으로 대신하였으니 영어의 기초가 될 리 없습니다. 평생을 영어 때문에 손해를 보고 있는 한 선교사의 고백처럼 세계적인 축구스타는 어느 날 갑자기 나온 것이 아닙니다.

영적인 세계도 마찬가지입니다. 마태복음 1장을 읽을 때마다 느끼는 것입니다. 예수는 오래오래 잘 믿을수록 좋습니다. 아브라함부터 예수님까지 42대(14대×3) 신앙의 계대를 이어가는 것입니다. 하기야 한국교회가 125년의 짧은 역사에 이만큼 되었으니 아무리 문제가 많아도 위로받을 일입니다.

한국교회 장수는 누구일까? 한경직 목사 이후 뚜렷한 주자가 없어 보입니다. 그러하니 「목적이 이끄는 삶」의 릭 워렌 목사가 오고 시카고의 빌 하이벨스 목사가 온다 하면 목사들이 구름떼처럼 모입니다. 고마운 일이기도 하지만 한편 처량하기도 합니다.

유난히도 무더운 지난 8월, 3주일 선교지 베이징을 땅 밟기를 하면서 많은 은혜를 체험하고 돌아왔습니다. 20년이 넘는 개인적인 세계선교 역사 속에 제 자신이 처량하기만 합니다. 왜냐하면 하나님 앞에서나 사람 앞에서 내 모습이 너무 작기 때문입니다. 영어도 시원찮고 중국어는 절벽이니 할 말이 없습니다. 그래도 조금은 기도하는 목사이고 뜨거운 가슴도 있으니 보는 눈은 있습니다.

가는 곳마다 졸병이 아니라 스타를 찾고 있습니다. 잔머리 굴리는 재주꾼이 아니라 예수님 때문에 모든 것을 다 버린 삶의 흔적이 있는 바울과 같은 스승을 찾고 있습니다. 영혼구원의 열정 때문에 두 손에 움켜진 세상의 자랑거리를 배설물로 여기며 행복하게 살고 있는 선교사를 찾고 있습니다. 한국선교 30년의 짧은 역사에 모래밭에서 황금 찾기가 쉽지 않지만 찾아내고 갈고 닦아 금강석을 만들어 내는 일을 하고 싶은데, 2030년까지 자국인 선교사 100만 명을 보내자고 보이지 않는 거대한 골리앗을 향하여 물맷돌을 날리고 있는 것입니다. 망망한 21세기 선교의 큰 강물에 초라하지만 징검다리를 놓고 있는 것입니다.

21세기 최고의 경영석학으로 불리는 톰 피터스(Tom Peters)가 지난 9월 24일 '글로벌 경영석학 특별 세미나'에 참석하여 "상상을 경영하라"는 주제로 강연을 하였습니다. 그는 우리 시대의 가장 영향력 있는 비즈니스 사상가 중 한 명으로 미국 코넬대학과 스탠퍼드대학에서 공부했으며 국방부, 백악관 등 공공기관과 전략컨설팅 회사인 맥킨지에서 경력을 쌓았습니다. 그는 기존의 경영학자들이 중시하던 전략과 시스템에서 과감히 탈

피하여 창의성과 열정을 갖춘 인재를 중시하는 이론으로 기업가들의 마음을 사로잡은 것입니다. 그의 어록(語錄)입니다.

"간부들이여! 괴짜직원의 수호자가 되라."

"시도했다가 실패했다면 상 줘야 한다."

"나와 다른 생각의 괴짜들을 아껴라."

"동종업계 벤치마킹은 효과 없다."

"에너지 넘치는 '미친 조직'을 만들어라."

"정리해고를 통한 비용절감은 바보짓이다."

"한국은 왜 이리 여성 CEO가 적나."

"오늘이 아니라 지금 당장 변화를 시작하라."

"혁신의 원천은 주위의 어리석음을 찾지 못해 짜증이 머리끝까지 난 사람들로부터 나온다."

"'좋은'에서 '미친'으로! 이것이 혁신적 삶의 비결이다."

"계획옹호자를 당장 해고하고 괴짜를 고용하라."

"디자이너를 이사회에서 CEO 바로 옆자리에 앉혀야 한다."

"막대한 부가가치의 뒤에 무엇이 있느냐? 바로 인재이다."

"생각을 뿌리째 바꿔라."

"중간간부들이 관료주의를 버리고 창의성 있는 젊은 직원을 보호하지 않으면 한국기업에겐 희망이 없다."

"무엇보다도 손가락으로 이상한 곳을 가리키는 게 중요하다."

"미친 조직을 만들어라. 미친 조직은 열정과 아이디어로 뭉친 괴짜들이 주도하는 것이다."

"멋있는 실패가 평범한 성공보다 100배 낫다."

"이탈리아인들만 훌륭한 디자인을 할 수 있는 것이 아니다. 물론 한국처럼 반복과 암기식 교육으로 모범생만 찍어 내는 교육 시스템으로는 불가능하다."

"변화의 가장 큰 힘은 수많은 사람의 역동성이다."

2030년, 나의 조국 대한민국의 미래는 어떠한 모습으로 설 것인가? 21세기 선교한국 교회가 해답입니다. 영성의 강물이 흘러넘치는 에스겔 47장의 역사가 일어나야 합니다. 한국교회 21세기 선교는 이대로는 아니 됩니다. 그렇게 작은 숫자인 다락방의 120문도가 어떻게 세계복음화의 씨앗과 불씨가 되었는가? 이유는 간단합니다. '오직 성령으로! 자국인 선교로!' 입니다.

"2030년까지 100만 명의 자국인 선교사를 주옵소서."
생각만 해도 가슴이 뛰고 구름 위를 나는 것 같습니다.

'세계선교' 어떻게 할 것인가?

2030년까지 한국교회는 100만 명의 선교사를 파송할 수 있습니다.

사명을 가지고 파송하는 일에 집중하여야 합니다.

I(나)가 아니라 N(자국인 선교사 : Native Missionary)입니다.

한국에서 보내는 한국인 선교사 파송이 아닙니다.

선교현장(한국 포함)에서 자국인 선교사를 파송하는 것입니다.

욕심을 버리면 됩니다

100만 명의 자국인 선교사 파송을 하기 위하여 한국교회는 총체적으로 개혁되어야 합니다. 물론 개혁의 선봉은 본인을 포함해서 지도자들과 최전방에 있는 선교사들과 선교하는 교회 지도자들입니다.

세계선교는 어떻게 하여야 합니까? 한국교회는 21세기 세계선교를 담당할 수밖에 없는 숙명적인 축복의 십자가를 지고 가야 합니다. 수많은 선지학교에서 쏟아져 나오는 선지생도들은 어디에 가서 무엇을 해야 합니까? 미자립교회가 50%에 육박하고 전도는 되지 않는 현실 앞에서 자의든 타의든 선교지로 갈 수밖에 없는 현실에 평신도 선교사를 포함해서 2030년까지 100만 명의 한국 선교사 시대가 된다는 것은 산술적으로도 가능한 것입니다.

5천 년 역사에 한국인 유엔 사무총장이 탄생하였습니다. 국가적인 경사요, 하나님의 축복이 아닐 수 없습니다. 그러나 한국선교의 최고 지도자는 누구입니까? 이대로는 아니 됩니다. 하나님께서 손보시기 전에 한국선교는 개혁되어야 하고 회개하여 변화되어야 합니다. 선교는 국가의 희망이고 교회의 미래입니다. 하늘땅의 권세 잡으신 선교의 사령관 되시는 우리 주님이 세상 끝날까지 함께하시겠다는 언약인 것입니다.

솔직히 평가한다면 한국교회는 영성의 깊이가 미천합니다. 그런 의미에서 샘 깊은 영성 대가의 메시지는 아직도 미국에서 들려옵니다. 싫든 좋든 20세기 이후 오늘까지 세계를 주도하는 나라는 미국입니다. 세계선교의 종주국인 미국의 소리에 귀를 기울여야 합니다. 쓴소리라고 생각지 말고 교만한 마음을 버리고 낮은 자리에서 주님의 음성처럼 듣고 회개하여야 합니다.

490년 전 종교개혁자 마틴 루터가 목숨을 걸고 95개 항의 "신학명제"를 작성하여 개혁의 선봉장이 되었던 것처럼 처절한 몸부림의 성령을 통한 오순절 마가다락방의 회개가 시작되어야 합니다. 세계적 교회성장학자요 영성의 대가인 피터 와그너 박사는 "교회성장, 정체된 한국교회가 바랄 것은 1907년의 평양대부흥운동처럼 강력한 성령의 임재"임을 강조하고 있습니다. 미국에서도 전통적인 교회들은 더 이상 성장하지 않지만 사도적 교회들은 이슬람교보다 더 빨리 성장합니다. 그런 점에서 사도적 교회는 세계교회의 미래입니다.

최근 FTT(Finishing The Task) 운동을 펼치는 국제 CCC 부총재 폴 에쉴먼 목사는 한 번도 복음을 들어보지 못한 그리고 특별한 계기가 없는 한 앞으로도 복음과 접촉할 기회가 없는 미개척, 미전도 종족이 전 세계 3,500여 종족에 달하는데 한국교회의 책임이 막중하다고 강조합니다.

지난 10월 21~22일 '언더우드 학술 강연'에서는 한국교회 청년들의 해외 단기선교가 현지 상황과 동떨어진 자기만족적인 활동에 그치고 있다는 지적이 나왔습니다. 일본 세이가쿠 대학 교수인 후카이 토모아끼 목사는 "한국 청년들이 문화가 다른 일본에 와서 단기선교 활동을 하는 것에는 경의를 표한다."면서도 일본에서는, 거리에서 찬양하는 열정적인 전도보다는 학술교류와 같은 공식적인 접근이 더 효과가 있을 것이라고 일본인다운 간접화법으로 단기선교의 문제를 지적했습니다. 한편 일본 기독교단 소속으로 서울 장로교 신학대학원에서 박사과정 중에 있는 낙운해 목사는 좀 더 직설적으로 비판하였습니다. "일본으로 단기선교 여행을 떠나는 한국 청년들은 대부분 한인교회를 중심으로 활동하면서 한국처럼 길에서 찬양하고 춤추는 경우가 많다."면서 "일본에서는 주로 사이비 종교들이 그같이 포교활동을 하고 있어 의심을 받을 수 있다."고 지적했습니다. 또한 "단기선교를 다녀왔다는 자기만족을 위한 것이 아니라 정말 일본인을 위한 전도방법이 무엇인지 연구해야 한다."고 강조하였습니다.

중국에서 선교활동 중인 L목사도 "한국에서는 단기선교팀이 현지에서 즉각 눈에 보이는 성과를 거둬야 한다는 생각이 강하고 자신들이 중국인보다 앞서 있다는 자세를 갖고 온다. 단기선교를 오기 전에 현지의 역사와 문화를 소개한 책 한 권이라도 읽고 온 사람이 드물다."고 비판하였습니다.

어찌 단기선교만의 문제이겠습니까? 한국교회는 121년 짧은 교회역사 속에 15,000명 선교사 시대를 여는 엄청난 축복을 받았습니다. 1985년에 파송 선교사 숫자는 157명으로 선교 열등국가였습니다. 20년 남짓한 짧은 역사에 '빨리 빨리'의 문화 속에 뜨거운 열정으로만 전진하다 보니 선교지에서 들려오는 소리가 와우 아파트, 성수대교, 삼풍백화점 붕괴처럼 소리가 나는 것은 당연한 이치입니다. 그러나 낙심할 일은 아닙니다. 정든 고향을 떠나 부모, 형제를 멀리하고 이방 땅에 머물며 사는 것 자체가 힘들고 어려운 십자가의 삶입니다. 돌을 던질 사람은 아무도, 누구도 있을 수 없습니다. 짧은 역사 속에 준비 없이 유월절 엑소더스처럼 시작했으나 홍해도 건너게 하시고 광야도 통과하게 하시고 죽음의 요단강도 건너게 하심으로 철옹성 여리고도 무너뜨리고 가나안 땅은 점령되게 마련입니다. 그러나 광야생활 40년은 하나님의 뜻이 아니라 광야교회의 책임입니다.

한국선교 이대로는 아니 됩니다. 파송한 교회도 파송된 선교사도 '선교 개혁'에 앞장서야 합니다. '선교 회개 운동'에 앞장서야 합니다. '선교 변화'의 은혜를 받아야 합니다. 시스템을 만들고 지도자를 세우는 일을 선교단체나 교단의 책임으로 돌리면 백년하청입니다. 루터의 종교개혁, 칼빈의 종교개혁, 웨슬리의 종교개혁처럼 기독교 2천 년 역사는 밑에서부터 시작된 것임을 성경이 증거하고 기독교 역사가 증거합니다.

이제 선교사들이 일어나야 합니다. 4천 년 전 75세의 아브라함을 하나님이 선교사의 조상으로 세우셨으며 양치기 목동 모세와 다윗을 훈련시키시고 사용하셨습니다. 예수님은 미천한 갈릴리 사람들을 중심으로 다락방의 120명을 처음 선교사로 사용하셨습니다. 선교사들은 사도들입니다. 신약성경에서 첫째가 사도입니다. 사도는 어원적으로 선교사입니다. 사도들의 어깨에 한국교회의 희망이 있고 세계구원의 불씨가 그들 가슴에 담겨 있습니다.

파송된 선교사들은 모두가 영적 거인이 되어야 하고 장군(General)이 되어야 합니다. 사소한 일에 목숨을 걸고 시시한 일에 시간을 보내고 푸른 청춘을 소비해서는 아니 됩니다. 선교사의 정체성을 회복시켜야 합니다. 나는 일등병 선교사는 아닌가? 아니면 강제 퇴역군인이나 남한산성에 들어가야 할 선교사는 아닌가? 분대장인가? 소대장인가? 중대장인가? 대대장인가? 연대장인가? 사단장인가? 군단장인가? 참모총장인가? 휘하의 병사가 몇 명인가를 생각해 보아야 합니다. 그러므로 궁극적인 사역의 목표와 방향은 그들을 자국인 선교사로 훈련하여 또 다른 열방과 족속과

'세계선교' 어떻게 할 것인가?

나라로 보내는 사역을 집중하여야 합니다.

　수준 낮은 선교편지의 주인공이 되기에는 참으로 고귀한 분들이고 하나님의 사랑받은 최고의 사명자들이십니다. 이제 예배당 건축에서 교회 개척으로 전환해야 합니다. 사람을 키우는 일입니다. 지역을 넘어 온 나라에서, 국경을 넘어 타민족으로 자국인 선교사를 파송하는 수리아 안디옥 교회와 같은 교회를 세워야 합니다. 바울과 바나바와 같은 선교사가 되어야 합니다. 빈 배에는 달빛을 가득히 담을 수 있다는 옛글처럼 욕심을 버리면 됩니다.

　한국 선교사들은 할 수 있습니다. 그렇게 하여야 합니다. 그 일을 위해 헌신하는 선교사들을 격려하고 높여주고 후원하셔야 합니다. 파송교회나 선교단체 지도자들의 몫입니다.

"2030년까지 100만 명의 자국인 선교사를 주옵소서."
생각만 해도 가슴이 뛰고 구름 위를 나는 것 같습니다.

360° 선교

　세계은행 부총재를 지낸 앤 크루거 스탠퍼드대 교수는 아프리카 중앙은행 총재들 앞에서 "여러분도 한국을 배우면 한국처럼 될 수 있다."는 연설을 했습니다. 새뮤얼 헌팅턴 하버드대 교수도 자신들의 가난을 미국 탓으로만 돌리는 남미(南美) 국가를 향해 "한국인의 검약, 투자, 근면, 교육, 조직, 기강, 인내, 도전의 정신을 배우라"고 충고하였습니다. 우리는 이렇게 지난 60년 동안 세계의 성공교과서를 끊임없이 새로 고쳐 써왔던 국민입니다. 그런데 우리나라의 현실은 어떠합니까? "머지않아 한국 사람들이 중국에 일자리를 구하러 가는 날이 올지 모른다."던 리콴유(李光耀) 싱가포르 전 총리의 불길한 예언이 실현된다면 누구의 책임일까요? 한마디로 말하면 교회의 책임이고 교회의 책임은 지도자들의 책임이 아닐 수 없습니다.

　하나님이 가장 기뻐하시는 일은 선교이고, 선교는 영성의 열매이고 선교는 교회건강의 바로미터입니다. 한국선교의 현실은 어떠합니까? 와그너 교수는 이 시대 최고의 선교지도자입니다. 세계선교를 위한 중보기도

'세계선교' 어떻게 할 것인가?

사역을 동원하는 영계의 거성입니다. 와그너 교수의 360°선교(A Full Circle Mission)는 언제부터인가 저에게 주신 선교전략이었습니다. 편의상 바퀴로 설명합니다.

1바퀴단계선교(90°)입니다. 가장 유아기적인 기초가 되는 선교입니다. 선교사가 한 지역을 중심으로 전도지를 뿌리고 전도하는 '씨 뿌리는 단계'입니다.

2바퀴단계선교(180°)입니다. 교회를 개척해야 합니다. 최고의 전도는 개척교회를 설립하는 것입니다. 교회 건축이 아니라 교회 개척입니다. 예수님의 피로 반죽하여 교회를 세우는 것입니다(행 20:28). 그런 의미에서 '피'(희생) 없는 선교는 선교가 아닙니다. 십자가 없으면 면류관도 없습니다.

3바퀴단계선교(270°)입니다. 교회자립단계입니다. 중국에서 선교하던 네비우스는 목회경험 없이 뜨거운 가슴만 가지고 온 선교사들에게 자립(自立) 자치(自致) 자전(自傳) 자축(自築)의 선교전략을 가르쳐 주었습니다. 장로교 처음 선교사인 언더우드가 처음 도착교회인 소래교회를 방문하였습니다. 물론 가난의 상징인 초가집 예배당입니다. 너무나 안타까운 마음으로 교회 장로들에게 후원을 이야기했습니다. 예배당을 건축해드릴까요? 담임자 사례금을 후원해 드릴까요? 대답은 한마디, 노 땡큐(No thank-you)이었습니다. 그 옛날 최고의 등불인 남포등 하나를 선물하고 가슴 뿌듯한 마음으로 돌아왔다는 아름다운 이야기가 오늘 한국교회의 뿌리입니다.

4바퀴단계선교(360°)입니다. "선교사의 가장 큰 죄악은 선교하는 교회로 가르치지 않는 것이다."라고 외친 랄프 윈터의 말은 진리입니다. 바울 선교사는 오늘도 선교사와 목사의 모델이고 멘토입니다. 가장 오랜 기간의 사역이 에베소에서 3년 사역입니다. 선교사는 안락사(安樂死)를 잘해야 좋은 선교사입니다.

한국교회의 선교현장과 파송교회의 수준은 어떠합니까? 90° 입니까? 180° 입니까? 270° 입니까? 360° 입니까? 아니면 이것저것도 아니고 돈만 퍼주는 선교입니까? 예를 들면 한국선교의 못자리인 아시아의 P나라, 아프리카의 K나라를 생각해 봅니다. 360° 선교로 바뀌어야 합니다. 오늘의 선교지는 선택된 나라나 족속이 아닙니다. 모두가 선교사요 어디나 선교지입니다.

그러나 한 가지 조건이 있습니다. 어디를 보느냐입니다. 독수리처럼 멀리 보아야 합니다. 땅끝을 보아야 합니다. 말구유에 오신 성탄의 예수님을 배워야 합니다. 그런 의미에서 자국인 선교(Native Mission)는 기본이고 간단한 것이고 최고 수준의 360° 선교인 것입니다.

대한민국의 미래는 선교사와 파송교회 지도자의 어깨에 걸머져 있습니다.

"2030년까지 100만 명의 자국인 선교사를 주옵소서."
생각만 해도 가슴이 뛰고 구름 위를 나는 것 같습니다.

효율적인 선교는?

예수님은 하늘영광보좌를 버리시고 이 땅에 선교사로 파송받아 오셨습니다. 12제자를 부르시고 훈련하셨으며, 십자가의 죽음으로 피의 제물이 되어 구원을 완성하시고, 창조주 하나님이시기 때문에 부활하셨습니다. 40일 동안 이 땅에 계시면서 마지막으로 마가다락방에 120명 모이는 작은 교회를 세우시고 승천하셨습니다. 보혜사 성령을 보내실 것을 약속하시면서 지상명령을 하셨습니다. 마지막 유언이고 어명입니다.

"오직 성령이 너희에게 임하시면 너희가 권능을 받고 예루살렘과 온 유대과 사마리아와 땅끝까지 이르러 내 증인이 되리라 하시니라(행 1:8)."

오직 성령입니다. 성령이 임하시면 땅끝까지 이르러 내 증인이 되리라 입니다. '되라'가 아니라 '되리라'입니다. 최고의 사역자로 부름 받은 선교사는 영안(靈眼)이 열려야 합니다. 천국의 모습을 보십시오.

"이 일 후에 내가 보니 각 나라와 족속과 백성과 방언에서 아무도 능히 셀 수 없는 큰 무리가 나와 흰옷을 입고 손에 종려 가지를 들고 보좌 앞과 어린양 앞에 서서 큰 소리로 외쳐 이르되 구원하심이 보좌에 앉으신 우리 하나님과 어린양에게 있도다(계 7:9~10)."

얼마나 황홀하고도 감격스런 장면입니까? 쌀 신자(Rice Christian, 교회에 가면 밥이 생긴다는 의미로 육신의 유익을 구하고 복을 받기 위해 교회에 나오는 신자) 만들기 아니면 초보적인 선교편지를 채우는 사역으로 만족하면 큰 일입니다. 돈만 있으면 싸구려 목수들을 통하여 얼마든지 세울 수 있는 예배당 건축을 자랑하면 한국교회의 미래는 없습니다. 왜냐하면 선교사들의 헌신과 영성이 최고일 수밖에 없기 때문입니다.

2007년 한국교회는 1907년을 재현하는 부흥을 기다리며 모든 교회가 몸부림 치고 있습니다. 왜냐하면 2007년은 평양대부흥운동 100주년이 되는 해일 뿐 아니라, 선교 공동체로서 교회가 비로소 모습을 갖추게 된 중요한 일들이 바로 1907년에 일어났기 때문입니다. 왜 하나님은 아직도 통일을 주시지 않고 평양에서 모든 교회가 하나 되어 부흥회를 할 수 있는 문을 열어주시지 않는 것입니까?

1907년 평양대부흥의 뿌리는 하디 선교사입니다. 4년 전인 1903년 남감리회 한국선교 연례회에서 "나는 무능했으며 조선인을 미개하다고 생각하는 교만함이 있었고 사랑과 영적 능력이 부족하다"고 고백한 것입니다. 개인적으로는 고통스럽고 부끄럽고 자존심 상하는 일이었지만 철저히 회개하므로 깨끗한 그릇을 준비하였기에 불같은 성령으로 채워주셨고 이 불은 1907년 평양대부흥운동을 기점으로 삼천리 방방곡곡으로 불씨가 되어 퍼져나간 것입니다. 그렇습니다. 기독교 2000년 부흥의 역사는 언제 어디서나 회개에서 시작되는 것임을 역사가 증언하고 신·구약 성경이 증거합니다. 그렇습니다. 오늘 한국교회의 불씨가 하디 선교사의 회개였다면, 라오디게아 교회와 같이 차지도, 덥지도 않는 한국교회에 새 불씨를 던져줄 사람 역시 선교사입니다. 그런 의미에서 선교사들에게 하디처럼 양심을 회복하는 회개의 기름 부음이 있어야 합니다.

그 옛날 100년 전, 장래가 촉망되는 젊은 나이에 의사로 캐나다에서 파송된 하디는 선교비가 끊기는 아픔 속에 고통을 당하였을 것입니다. 선교 현지에서 선교비가 끊긴다는 것은 체험자만이 느끼는 고통입니다. 하디 선교사는 선교지를 떠날 수밖에 없었습니다. 역시 선교사가 당하는 최고의 아픔이 아닐 수 없습니다. 그는 신학을 공부하여 감리교회 목사 선교사가 되어 또다시 한국에 재파송 받게 됩니다. 그러나 생명구원의 열매가 없었기에 또다시 고통을 받습니다. 선한 양심의 회복입니다. 성령의 은혜입니다. 원산에서 그는 홀로 기도하지 아니하고 장로교 파송선교사들과 함께 거룩한 고통의 짐을 지면서 기도하였습니다. 이러한 세월의 흐름 속에 눈에 넣어도 아프지 않는 어린 두 딸을 양화진 외국인 선교사 묘지에 썩어진 밀알처럼 심게 됩니다.

히브리서 5:7~9의 역사는 어제나 오늘이나 일어나게 마련입니다. 하나님의 영적인 원리이기 때문입니다. "그는 육체에 계실 때에 자기를 죽음에서 능히 구원하실 이에게 심한 통곡과 눈물로 간구와 소원을 올렸고 그의 경건하심으로 말미암아 들으심을 얻었느니라. 그분께서 아들이시면서도 받으신 고난으로 순종함을 배워서 온전하게 되셨은즉 자기에게 순종하는 모든 자에게 영원한 구원의 근원이 되시고…." 그런 의미에서 최고의 효율적인 예수님의 선교는 자국인 선교입니다.

"2030년까지 100만 명의 자국인 선교사를 주옵소서."
생각만 해도 가슴이 뛰고 구름 위를 나는 것 같습니다.

모든 길은 십자가로

한국교회는 지난해 말 통계로 173개국에 16,616명의 선교사를 파송하였습니다. 한국기독교총연합회와 한국세계선교협의회(KWMA)가 2006년 12월 중순까지 약 3개월간 전국 66개 교단 선교부와 290여 개 선교단체들을 대상으로 〈2006년 선교사 파송 현황〉을 조사하여 발표한 것입니다. 이에 따르면 중국(2,640명), 미국(1,855명), 일본(1,099명), 필리핀(825명), 러시아(470명), 인도(452명), 인도네시아(433명), 태국(419명), 독일(389명), 터키(355명)가 10위권 파송 선교국가였습니다. 또한 전체 한인 선교사 중에서 목회자는 10,737명(64.6%)이고 평신도는 5,879명(35.4%)이며, 2년 넘은 장기 선교사는 15,662명, 단기선교사는 954명으로 나타나 평신도 및 전문인 선교사 중심인 서구 교회와 달리 목회자 및 장기 선교사 일변도인 것으로 조사되었습니다. 그리고 기독교 박해 지수가 매우 높은 42개국에서 사역하는 선교사는 3,043명(18%)으로 조사되었습니다.

간단한 통계숫자를 보면서 앞으로 미래의 한국교회 선교는 어떻게 해야 할 것인가? 고민하지 않을 수 없습니다. 닭이 먼저인가, 달걀이 먼저인

'세계선교' 어떻게 할 것인가?

가를 논쟁한다면 해답은 없습니다.

첫째, 한국교회를 책임지는 선장이 목사인가? 선교사인가?

둘째, 목사와 선교사를 훈련하고 교육하는 선지학교인가? 아니면 지역교회인가?

셋째, 파송교회인가? 선교단체(파송교단)인가?

해답은 나와 있는데 '고양이 목에 누가 방울을 달 것인가?' 가 문제입니다. 보일 듯 보일 듯 하면서도 안개 낀 것처럼 가려 있습니다. 누가 이 침침한 안개를 날려 보낼 것인가?

논리적이며 비상한 머리도 있고 태양보다 더 뜨거운 가슴도 있습니다. 헬라 철학자들 못잖은 입도 있습니다. 마사이족보다 더 튼튼한 발도 있습니다. 받은 것을 아낌없이 나누어 주는 큰 손도 있습니다. 그럼에도 불구하고 한국선교 이대로는 아닌 것 같습니다. 허전한 가슴 못 다 채운 마음 가눌 수 없어 눈물을 흘려 봅니다.

우리 모두 어떻게 살 것인가? 하루 밥 세끼 먹는 것이 부담일 때도 있습니다. 욕심을 버리면 길이 보입니다. 모든 길은 십자가로 통합니다. 그런 의미에서 세계선교의 길은 자국인 선교(Native Mission)에 있습니다. 욕심을 버리면 이 길이 보입니다. 십자가는 누구의 목에도 걸고 귀에도 달아 장식할 수 있습니다. 그러나 그것은 허상일 뿐입니다. 예수님이 지신 십자가만 있을 뿐입니다. 예수님이 실천하셨던, 그리고 명령(Great Commission)하셨던 선교전략이 자국인 선교(Native Mission)입니다.

"2030년까지 100만 명의 자국인 선교사를 주옵소서."

생각만 해도 가슴이 뛰고 구름 위를 나는 것 같습니다.

위기에서 희망을 찾습니다

　지구촌시대에 세계화된 오늘의 선교현장은 우리나라의 선지학교도 될 수 있고 50만 외국인 노동자가 있는 공장일 수도 있습니다. 선교의 문제는 명령이고 사명이기 때문에 어느 곳에서 무슨 일을 하든지 세계선교의 최고 전략인 자국인 선교사를 보내는 선교사의 삶을 살게 되는 것입니다. 또한 이 일은 한국교회가 당면하고 있는 위기의 돌파구일 뿐 아니라 하나님의 계획임을 알 수 있습니다. 박창현 박사(감리교신학대학 선교학 교수)의 "한국 개신교회의 위기에 대한 징후들과 위기 극복을 위한 선교적 제안"에서 위기의 징후들의 예를 이렇게 설명하고 있습니다.

　"2006년 12월 인천시 강화군 교동면 양갑리의 양갑교회의 실태를 조사한 적이 있다. 인구 조사가 아닌 거주자 중심으로 조사한 바에 의하면 전체 172명의 주민들 중 71명이 개신교, 4명이 천주교, 3명은 불교 그리고 기타가 93명이었다. 41.2%의 개신교인이 교회를 다니고 그 중 60세를 넘은 사람이 33명으로 전체교인의 약 47%에 해당한다. 이 지역의 전체 인구 중

60세 이상이 차지하는 비율이 역시 47%이고 강화지역의 다른 교회도 이 교회와 사정이 별로 다르지 않다는 것을 볼 때 노인들만 남은 이러한 시골 교회의 미래는 과연 어떻게 될 것입니까?"

서울의 중심부에 위치한 100년 넘는 전통을 자랑하는 P교회의 형편은 어떠한가? 주일성수 성도 5,000명에 주보에 나오는 매 주일 헌금이 1억5천만 원을 오르내리니 참으로 부럽지 않을 수 없습니다. 거룩한 주일 예배이고 역사와 전통을 자랑하는 교회인데 '아멘', '할렐루야'가 거의 들리지 않습니다. 참으로 안타까운 것은 젊은이가 거의 보이지 않는 노년교회라는 사실입니다. 매일 새벽기도로 하루를 깨우는 50~60명의 성도들의 모습이 거룩하게만 보입니다.

그러나 2030년쯤 되면 한국교회는 유럽교회처럼 쇠잔할 것입니까? 아니면 아프리카나 남미교회처럼 흥왕할 것입니까? 오늘 한국교회는 'Beyond 1907년' 'Again 1907년'으로 몸부림치는 씨름을 하고 있습니다. 감리교회는 평양대부흥의 뿌리가 되는 하디 선교사의 원산대부흥(1903년)을 사모하며 'Beyond 1907년'을, 장로교회는 장대현교회의 길선주로 시작한 평양대부흥(1907년)을 이루기 위해 'Again 1907년' 영적대각성운동에 최선을 다하고 있습니다.

그렇지만 오늘의 현실은 어떻습니까? 청계천을 걷다 보면 옛날 청계천을 회고하는 사진들이 전시되고 있는데, 그중 1904년 사진 한 장이 눈에 뜨입니다. 머리에 하얀 수건을 두른 흰옷 입은 아낙네들이 방망이를 두드리며 빨래하는 정겹고도 가난한 모습에 가슴이 저려옵니다. 1960년대 청계천 판자촌 모습은 오늘 아시아나 아프리카, 남미의 빈민촌보다 더 참혹하게 보이니 세월의 흐름 속에서 부어주시는 하나님의 축복에 감사드릴

뿐입니다. 그러면서도 1960년대 용문산기도원을 중심으로 산마다 세워진 기도원에서 붙여진 성령의 불씨들이 지역교회에 흩어져 이단(?) 소리를 핍박으로 들으면서도 눈물, 콧물로 차가운 예배당 마룻바닥을 적시며 기도했던 시골교회 어머니들의 모습이 그립기만 합니다. 부요하고도 아름다운 오늘 우리 모습이 라오디게아교회처럼 참으로 안타까운 것은 영적으로 쇠잔한 데 그 원인이 있습니다. 빛 좋은 개살구처럼 아니면 잎사귀 무성한 열매 없는 무화과처럼 오늘 우리의 속이 텅 비어 있기에 Beyond, Again을 외치는 것입니다. 사도행전 29장을 기록해야 할 한국교회가 안타깝기만 합니다.

희망은 언제나 위기에서 찾아야 합니다. 제가 섬기는 기독교대한감리회 3개 신학교 2006학년도 학위 수여식에서 대학원 졸업생 430명이 신학석사 학위를 받고 목회자로 첫 출발을 하게 되었습니다. 그러나 교역자 수급 불균형이 위험수위에 달했습니다. 매년 교회는 100여 교회가 증가하고 매년 100여 명의 교역자가 은퇴하는 것을 감안하더라도 나머지는 갈 곳이 없습니다. 사명감을 가지고 선지학교를 졸업한 사명자들의 일터는 어디입니까? 해답은 나와 있습니다. 군 선교, 학원선교, 교도소선교, 사회복지선교 등의 좁은 문을 통과하든지 아니면 세계선교라는 넓은 길이 준비되어 있습니다. 2천 년 전 초대교회는 스데반 집사의 순교를 통한 흩어진 자들이 선교의 주역이었습니다. 그들은 씨 뿌리는 자에 의하여 강제적으로 흩어진 자들이었습니다. 종말을 사는 한국교회는 순교를 통한 흩어진 자들이 아니라 부득이하게 흩어지게 된 것입니다. 그러나 색안경을 쓰고 부정적으로 볼 일이 아닙니다. 성경에는 우연이라는 단어가 없습니다. 역시 씨 뿌리는 자에 의하여 피치 못할 사정으로 흩어질 수밖에 없어 흩어지는 것입니다(물론 예외도 있음을 알고 있습니다). 이 역시 한국교회에 주시는 축복이 아닐 수 없습니다. 2030년까지 가만히 있어도 10만 명 선교사파송 목표는 이루어지게 마련입니다. 그리고 100만 명 평신도 전문인 선교사의 꿈도 숫자적으로 이루어질 것입니다. 그러나 오늘 같으면 안 됩니다. 이제 한국선교는 양(量)에서 질(質)을 생각할 때입니다. 호켄다이크는 선교와 위기는 "샴쌍둥이(Siamese twins)처럼 붙어 있다"고 하였으며, 한스 베르너 겐지헨(Hans-werner Gensichen)은 호켄다이크의 입장을 지지하며 선교에 있어 위기를 '정화와 순수의 시대'로 '복음의 본질로 돌아감'의 기회로 또 '구조적 변화의 증후'로 이해하였고, 뮬러(Karl Mueller)는 기독교선교의 전통을 "전 세계를 통해 기독교는 새로운 상황에 순응하고 적절히 대처하려는 노력"이라고 하였습니다.

한국선교가 기업이라면 어떠하겠습니까? 현대자동차와 도요타 자동차가 매스컴에 회자되고 있습니다. 코닥은 몰락하고 캐논은 디지털시장을 석권하고 번성하고 있습니다. 그렇습니다. 한국선교는 변해야 합니다. 웃으면서 넓은 길로 나갔지만 자발적으로 좁은 문을 열고 좁은 길로 행군하여야 합니다. 사실은 좁은 문, 좁은 길은 주님이 십자가 지시고 먼저 가신 길이기에 넓은 문이요, 넓은 길입니다. 그러므로 자국인 선교사(Native Missionary)까지 이르는 선교의 길은 좁은 문, 좁은 길 선교가 아니라 하나님이 최고로 기뻐하시는 깊은 영성의 열매이기에 넓은 문, 넓은 길이 보장된 최고의 선교입니다. 이것이 위기의 한국교회를 살리는 최고의 희망이 되는 것입니다.

"2030년까지 100만 명의 자국인 선교사를 주옵소서."
생각만 해도 가슴이 뛰고 구름 위를 나는 것 같습니다.

축복의 열매, 세계선교

　시간이 흐르고 세월을 보내면서 소름끼치도록 전율에 빠질 때가 있습니다. 성령께서 강권하시는 은혜일 것입니다. TV 앞에 앉아 있는 한가하고 여유 있는 쉼의 시간에도 가끔씩 느끼는 감정입니다. 연예인들이 두 편으로 나뉘어 게임을 합니다. 선수들은 음악이 나오는 노란색 이어폰으로 귀를 막고 앞 주자의 입술모양을 보면서 큰 소리로 복창을 해 전달해야 합니다. 예를 들면 첫 주자가 "봄날에 노래하는 종달새"를 외치면 소리를 눈으로 듣고 전달하다가 마지막 선수가 자신만만하게 외칩니다. "봄날에 노고지리 진달래…" 엉뚱한 동문서답에 방청객과 시청자들이 일시에 웃음을 터뜨립니다.

　그토록 자신만만하게 야훼 하나님을 섬기면서도 예수를 죽였던 종교지도자들의 신앙생활이 두렵기만 합니다. 바리새인과 서기관들의 종말이 순간의 고통으로 스며들기 때문입니다. 세계선교의 삶을 대입해 봅니다. 삼일독립만세의 주역이었던 이화의 꽃, 감리교회의 선구자 유관순은 1920년 9월 28일 경성부서대문 감옥에서 순국하였습니다. 유관순의 친구로 생존자인 이성수 할머니의 증언에 의하면 고향으로 돌아오는 기차 안에서 유관순은 친구들에게 기차소리가 "대한독립, 대한독립"으로 들린다고 하였다 합니다. 그는 분명 나라를 세우기 위해 피를 뿌린 순국열사입니다. 그러나 선교사의 삶을 살다 가야 할 1,000만 성도, 5만 한국교회는 증인(순교자)의 삶을 자신할 수 있습니까?

역사가 유세비우스의 기록에 의하면 예루살렘이 멸망한 후 사도들은 사람이 거주하는 세계를 분할하여 세계의 모든 방면으로 각각 나갔다고 합니다. 모두가 흩어진 선교사로서 순교의 삶을 산 것입니다. 여기서 간과해서는 안 되는 사실은 하루아침에 이루어진 역사가 아니라는 아픔이 있고 오늘을 사는 한국교회에 주시는 위로가 있는 것입니다. 유대인과 한국인의 동일한 민족성 중 하나는 타민족에 대한 배타성이며 단일민족에 대한 우월성입니다. 부활하신 예수님은 승천하시기 전 40일 동안 사랑하는 제자들에게 위대한 명령(마 28:18~20)을 하십니다. 그리고 감람산 승천현장에서의 마지막 명령인 사도행전 1:8 말씀은 군사용어이면서도 교회에 주시는 마지막 유언입니다. 그러나 제자들을 포함한 120명은 속수무책입니다. "이스라엘을 회복하심이 이 때입니까?" 속 터질 동문서답입니다. 오순절 날이 이르매(행 2:1) 약속하신 대로 불같은 성령의 체험자들이 됩니다. 수제자 베드로를 중심으로 그리스도의 죽음과 부활을 외쳤을 때 하루에 3,000명~5,000명씩 가슴을 치며 회개하고 교회가 세워집니다. 특별히 주목할 것은 세계에 흩어졌던 유대인들과 유대교에 입교한 이방인들의 구원과 성령체험입니다. 그러나 그들은 할례 받은 남성과 유대인의 관습과 식사규례를 받아들인 자들이었습니다. 조직적이며 일반적인 이방인 선교의 개념 혹은 예수를 따른다는 의미는 결국 유대전통과 근본적으로 결별하는 것임을 제자들은 생각하지 않았을 것입니다. 유대교와의 불연

속성이 아니라 연속성이야 말로 그들이 고민하는 문제였기 때문에 이런 점에서 유대교를 믿지 않는 이방인을 받아들인다는 것은 생각할 수도 없었을 것입니다.

세계복음화에 대한 관심이나 고민 그리고 비전과 삶의 흔적이 보이지 않는 아픔이 있습니다. 그렇게 성령 충만 했는데…. 제임스 던이 지적하였듯이 예수의 제자는 여전히 유대인이었습니다. 성전에서 기도하고 성전에서 희생제사에 참여하며 이방인과 예루살렘 바깥에 대해서는 관심이 없었던 것입니다. 영적이고 지혜로운(행 6:3) 처음 순교자 스데반 집사를 위시한 일곱 집사 모두가 헬라파 유대인들이었다는 사도행전의 기록은 우리를 놀라게 합니다.

오늘도 하나님이 쓰시는 사람이 누구냐는 사실을 분별해야 합니다. 사도행전 5:1에 보면 예루살렘에 있는 교회에 큰 핍박이 나서 '사도 외에는' 다 유대와 사마리아 모든 땅으로 흩어졌다고 기록합니다. 주석가 던(Dunn)은 여기에서 이상한 점을 발견합니다. "박해받는 운동을 일으킨 지도자를 박해하지 않고 넘어갔다는 사실이 정말일까? 그런 사실은 상상할 수도 없다." 그리고 많은 학자들이 제기한 것은 핍박은 결코 히브리파 사람을 -나중에 유대기독교인으로 부르게 됨- 겨냥한 것이 아니라는 것입니다. 그보다는 사울이 주도한 박해는 헬라파 사람들을 겨냥했다는 것입니다. 이 헬라파 사람들은 스데반처럼 유대교의 적합성에 의문을 품은 공동체 회원이며 그 공동체인 처음 교회는 예루살렘의 헬라파 유대인에 의해 주도된 것입니다. 사마리아와 에티오피아 내시의 구원사건, 고넬료와 그의 가족의 강권적 구원사건, 안디옥교회의 설립과 바나바와 바울의 이방선교의 시작 등 모두가 성령이 주도권을 가지고 은총으로 역사하셨습니다. 막힌 귀가 열리고 가려진 두 눈이 뜨이고 곧은 목이 풀리므로 세계로 흩어져 나가게 되는 사도행전의 기록은 100% 성령행전이면서도 귀와 눈이 열리고 굳은 목이 풀리는 특별한 성령의 은총을 받은 자들에 의해 쓰인 축복행전입니다.

세계선교는 100% 성령의 이끄심이고 순종하는 자에게 주시는 축복의 열매입니다. 그렇다면 21세기 영성과 선교의 종말의 시대에 쓰임 받는 사도행전 29장의 주역은 누구일까요? 답은 간단합니다. 먼저는 헬라파 유대인입니다. 정통 히브리파 유대인 제자가 아닙니다. 그 다음은 성령에 의해 특채된 바울과 바나바입니다. 예루살렘교회가 아니고 이방 안디옥교회입니다. 어리석은 인간의 역사는 반복되기 마련입니다. 앞서가는 그들에 의해 성령의 도우심으로 180°로 발상이 전환된 모든 교회가 구원받고 모든 성도들을 오늘도 사용하시는 것입니다. 그러므로 겸손히 무릎을 꿇고 두 손을 높이 들고 하늘을 쳐다보아야 합니다. 승천하신 주님이 성령으로 우리 안에 역사하심을 믿고 충만한 역사 속에 세계와 천하 만민을 품고 종말론적인 선교사의 삶을 살아야 합니다. 백 개 천 개의 선교전략(How to)이 있을 수 있으나 목표는 하나입니다. 순교자의 삶이고 궁극적인 푯대는 목표인 '자국인 선교(Native mission)'입니다. 그들은 흥하고 우리는 쇠하여야 합니다. 그들을 위하여 썩어진 밀알이 되어야 합니다.

"주여! 성령으로 우리 모두를 충만하게 하소서. 주님의 뜻이 하늘에서 이루어진 것 같이 우리 땅에서 우리 모두를 통하여 이루어지게 하소서."

"2030년까지 100만 명의 자국인 선교사를 주옵소서."
생각만 해도 가슴이 뛰고 구름 위를 나는 것 같습니다.

비우고 버리는 삶

2007년 4월 16일 미국 버지니아 공대에서 미국 역사상 최악의 학원 총기 난사 사건이 발생해 33명이 사망하고 17명이 부상당했습니다. 속 좁은 인간의 마음은 범인이 한국인이 아니고 다른 나라 사람이었으면 한 것도 사실입니다. 엄청난 비극을 돌아보며 한국교회의 미래와 세계선교의 사명을 생각해 봅니다. 미국은 총 인구 숫자만큼이나 2억 정이 넘는 총기를 개인이 소지하고 있습니다. 세계에서 선교사를 성도비율로 제일 많이 보내는 나라가 한국교회인데 만일 우리나라가 미국처럼 총기를 자유롭게 소유한다면 어떤 상황이 벌어질까요? 모골이 송연할 정도로 두려움이 있습니다. 버지니아 공대 교정에는 처음에 33개의 추모석이 놓이고 역시 꽃 다발도 바쳐져 있습니다. 범인 조승희 몫까지 함께 안타까워 슬퍼하고 책임을 통감하는 미국인들의 기독교적 삶의 문화에 고개가 숙여집니다.

미국에 한국인 200만 명이 살고 있고 유학생은 10만 명으로 세계 제 1위입니다. 그만큼 교육열에 불타는 나라가 대한민국입니다. 만일 우리나라에서 이러한 일이 발생했다면 어떻게 되었을까? 대통령이 사죄를 하고

'세계선교' 어떻게 할 것인가?

주미대사가 금식기도를 선포할 뿐 아니라 종교를 초월해서 온 나라가 조승희를 대신하여 회개의 기도를 드리고 보상의 예물을 준비하고 있습니다. 체면문화의 산물인가? 동방예의지국의 예절인가? 아니면 슬퍼하는 자와 함께 슬퍼하는 예수의 마음 때문인가?

21세기 영성과 선교의 시대에 한국교회의 미래는 '세계선교'에 올인해야 할 뿐 아니라 보장된 축복을 빼앗기는 에서가 되지 아니하고 야곱이 변하여 이스라엘이 되는 변화를 통한 축복의 통로가 되어야 합니다. 미국에 미안해하기에 앞서 한국교회가 변화하고 도약하는 기회가 되어야 하고 대한민국의 미래를 선도해 나가는 빛과 소금이 되어야 합니다. 그런 의미에서 인요한 선교사(연대 세브란스병원 국제 진료센터 소장)의 조언에 귀기울였으면 합니다. 그의 외할아버지인 유진벨 선교사는 1895년 기독교 불모지였던 호남에서 선교와 교육 사업을 시작하였기에 그 역시 전남 순천에서 태어나 성장했습니다. 국적은 미국이지만 자신은 '달걀'이라고 부릅니다. 왜냐면 겉은 흰색이지만 속은 노란색이기 때문입니다. 그는 한국 사회가 범인이 한국인이라는 것 때문에 미안해하고 부끄러움을 느끼고 책임감을 느끼는 것에 대하여 '집단 히스테리' 현상이라고 해도 과언이 아니라고 충고하고 있습니다. 왜냐면 그동안 한국이 강조해온 개방성, 글로벌화 등과도 거리가 먼 모습이기 때문입니다.

인요한 선교사를 통하여 들려오는 미국의 소리가 오늘 한국교회 선교 현장에 들려주시는 하나님의 음성처럼 들린다면 잘못된 메시지일까요?

'세계선교'는 예수님이 하신 성육신 사역의 전부입니다. 예수님처럼 '동정녀 탄생', '십자가의 죽음', '부활', '승천', '성령강림'의 연속적인 역사 속에서 소망은 오직 재림과 하늘의 상급입니다. 그리고 관심과 삶(사역)은 언제나 땅에서의 죽음입니다. 죽음은 십자가요, 오늘의 십자가는 욕심을 버리는 '비움'(빌 2:5~1)을 통한 채워주시는 은혜의 감격입니다. 그러므로 세계선교 없는 교회나 지도자에게는 진정한 기쁨이 있을 리가 없습니다. 왜냐면 주시지 않기 때문입니다.

그런 의미에서 자국인 선교는 시작이고 마침이며 최고의 기쁨이고 축복입니다. 왜냐면 모든 것을 비우고 버리는 그리스도의 삶이 없는 선교는 엄밀한 의미에서 선교가 아니기 때문입니다. 체면선교, 홍보선교, 공명선교, 관광선교, 생존선교, 구색 맞추기 선교, 억지선교, 도피선교, 프로그램선교, 놀부선교 등 주님의 가슴을 슬프게 하는 선교형태를 버리고 예수님의 마음과 삶이 있는 선교의 시작은 자랑스러운 민족과 교회되게 하는 시작이 되는 것입니다.

버지니아 공대의 비극이 선교한국에 주시는 거울과 메시지가 되기를 기도합니다. 세계 24,000종족 중 같은 종족끼리 싸우는 유일한 나라에서 유일한 치료약은 '바른 선교' 에 있기 때문입니다.

"2030년까지 100만 명의 자국인 선교사를 주옵소서."
생각만 해도 가슴이 뛰고 구름 위를 나는 것 같습니다.

'세계선교' 어떻게 할 것인가?

최고의 사명

미국의 기독교 미래학자인 레너드 스위트(Sweet) 박사(드루신학대 석좌교수)는 잠실 체육관에서 목회자들을 위한 대형 컨퍼런스와 기자회견에서 "동양정신으로 교회를 재부팅하자"고 주장하고 있습니다. 우리가 컴퓨터를 쓸 때 '디스크 조각모음'을 한 후에 컴퓨터를 재부팅하듯, 기독교 역시 2,000년 역사 동안 너무 많은 소프트웨어가 추가되고 복잡해지면서 사회적 영향력을 상실해 재부팅할 때가 되었는데 재부팅과정에 동양정신이 큰 도움이 된다는 것입니다. 스위트 박사는 재부팅을 위한 대안으로 반(反)이원론적인 동양사상을 꼽은 것입니다. 서양은 '지성과 감성' '이론과 실천' '내용과 형식' '몸과 영혼' '참과 거짓' '예와 아니오' 식으로 계속 둘로 나눠왔고 성경연구도 마찬가지였지만 반면 예수님은 항상 '평화와 칼' '알파와 오메가' '가장 큰 자와 가장 작은 자' 등 상반된 개념을 함께 묶는 방식으로 동양적 태도를 보여줬다는 것이 그의 주장인 것입니다. 이 때문에 성경연구 역시 나누고 쪼개는 서양식이 아니라 상반된 요소를 통합적으로 분석하는 동양식 접근법이 중요하다고 강조한 것입니다. 그런 의미에서 고찰해 볼 때 성경의 핵(核)이요, 예수님의 발자취이며 대위임령 (Great Commission)인 세계선교 역시 동일한 맥락에서 통섭하여야 할 것입니다.

오늘날 대부분의 교회(85%)에서는 전도와 선교를 둘로 나누는 이원론에 빠지므로, 세계선교의 사명(Mission)을 잊어버리고 있으며 선교에 동참하는 교회 역시 선교지에 예배당 건축하는 것이 선교의 전부 아니면 최고인 것처럼 선교역사를 기록하고 있는 것입니다. 아무리 눈 씻고 성경을 찾아보고 예수님과 바울 그리고 초대교회 선교역사를 연구해 보아도 오늘 한국교회의 선교는 분명 '재부팅' 해야 할 것입니다.

얼마 전 장로님 한 분으로부터 가슴 아픈 전화 한 통화를 받았습니다.

"선교사님, 저희 교회 목사님은 선교의 영이 없습니다. 어찌하면 좋을까요?"

그렇습니다. 선교 아무나 하나요? 선교의 영이 가슴팍에서 불이 되고 물이 되어 타오르고, 흘러넘칠 때 교회의 벽을 헐고 나라와 민족의 산을 넘어 대양을 흘러넘쳐 열방과 족속의 수많은 영혼의 가슴팍에 타오르고 흘러넘치게 되고 거기에서 천국의 기쁨과 예수 믿는 하나님 자녀의 참맛을 체험하게 되는 것입니다. 2,000년 전 예수 그리스도 되신 주님이 성육신 선교사로 오셨을 때 로마제국 인구의 10분의 1은 유대인이었던 것으로 추정되고 250만이 팔레스타인에 살고 있었으나 각지에 흩어져 있던 유대인은 본국의 2배가량 되었다고 합니다. 이집트에 100만, 메소포타미아에 100만, 소아시아에 100만, 이탈리아에 상당수 등 각 곳에 많은 인구가 흩어져 있었고, 특히 중국, 인도, 유럽, 에티오피아와 아프리카와 사하라 남부를 연결하는 상업 통로를 따라 곳곳에 유대인 거류지가 있었고, 로마는 거대한 군대로 세계를 정복하며 평화를 유지하기 위한 도로망이 히말라야에서 스페인까지 페르시아에서 북부 아프리카 연안까지 통하고 있으므로 초대 예루살렘교회 12사도와 성령 충만한 모든 그리스도인들은 무장된 십자군이 되어 선교전사로 로마군대가 움직이는 속도보다 더 빠른 속도로 세계를 점령했던 것입니다. 그런 의미에서 한국교회는 희망이 있습니다. 한국교회 숫자가 10년간 줄어들었다고 탄식하고 교회마다 전도가 되지 않는다고 야단이지만 가능성은 얼마든지 있습니다. 지난 10년간 세계로 흩어진 디아스포라가 평신도 전문인 사역자가 되어 전 세계 모든 지역에 한인교회를 세우고(조금은 소리가 나지만) 그 옛날 수리아 안디옥교회 성도들처럼 자국인(Native)을 구원한 사역의 열매를 계수할 수 있다면 엄청난 사역 효과에 놀라게 될 것입니다. 결국은 선교는 하나님이 하시는 사역입니다. 문제는 반 동강난 땅 덩어리에서 십자가 붉은 탑을 세우고 교회 성장에 몸부림치는 우리의 문제입니다. 쉽게 말한다면 '흥부인가? 놀부인가?' 입니다.

놀부에게는 절대로 황금박을 주시지 않습니다. 외형은 황금박 같아도 냄새나는 똥박 아니면 뿔 달린 귀신박입니다. 십자가 희생의 영성 없이는 열매를 얻을 수 없습니다. 심는 대로 거두는 것이 하나님의 뜻이기 때문입니다. 잔머리 쓰고 요령 부리고 속이고 뺏는다고 될 일이 아닙니다. 흥부처럼 살면 됩니다. 인간의 노력이나 결단이 아니라 은혜로 값없이 주시는 차고 넘치는 기름 부음(Anointing) 속에서 순종의 삶을 살게 될 때 상식을 뛰어넘는 삶의 열매로 요셉의 축복을 받게 되는 것입니다.

샘 곁에서 무성한 가지가 되어 그 가지가 담을 넘게 되고 요셉의 활은 힘이 있어 멀리멀리 쏘아 사단의 심장에 구멍을 내고 승리하게 되는 것입니다.

이것이 선교입니다.

이것이 세계 복음화입니다.

이제 우리 모두 희망을 가지고 지평선 너머를 바라보아야 하겠습니다. 믿음의 조상 아브라함처럼 천막에서 나와 별이 빛나는 밤하늘과 끝없이 펼쳐진 동서남북을 바라보아야 합니다(창 13:14~17). 한국교회 얼마든지 할 수 있습니다. 특별히 한국교회는 세계선교에 방향을 맞추고 오순절의 어게인을 기도해야 합니다. 2007년 현재 한국인과 아시아인 사이의 2세, 아시아의 노동자 자녀를 일컫는 코시안(Kosion)은 이미 100만 명이 넘어설 것으로 추정하고 있습니다. 현재 국내 체류 외국인 수가 100만 명가량이며 국제결혼은 2005년에 전체 결혼 건수의 13.6%인데 2007년 현재 17%라고 합니다.

그렇습니다. 이제는 세계 24,000종족 모두가 한가족입니다. 에덴동산의 아담과 하와 그리고 노아와 세 아들이 우리 모두의 조상입니다. 그리스도 안에 있는 모든 열방과 족속은 모두가 한 뿌리요, 가족입니다. 세계선교는 특별한 교회나 특별한 사람이 하는 은사가 아닙니다. 마땅히 되어야 하는 행복한 일이요 최고의 사명입니다. 그런 의미에서 자국인(Native) 선교에 방향을 맞출 때가 도래한 것입니다.

"2030년까지 100만 명의 자국인 선교사를 주옵소서."
생각만 해도 가슴이 뛰고 구름 위를 나는 것 같습니다.

새롭게 시작합시다

며칠 전 P국 B시에서 사역하는 선교사와 식사를 나누며 교제하는 시간 속에서 안타까운 마음으로 축복의 기도를 해드렸습니다. 인구 30만의 도시에 300여 명의 한국인 선교사가 몰려 살고 있다는 것입니다. 노후의 편안한 삶을 누리기 위해 오는 은퇴노인들, 영어를 배우기 위해 찾아오는 젊은이들, 적응하지 못하는 학교생활과 진학의 어려움 때문에 쏟아져 들어오는 유학생들에다가 다양한 환경의 변화 속에서 피할 수 없는 상황이 선교의 부르심이라고 믿으면서 고향을 떠나 선교의 봇짐을 싸들고 무작정 길떠나온 선교사들까지 합하면 엄청난 한인 숫자에 한인교회만 10곳이 넘는다는 것입니다. 하기야 안수 받은 목사가 거하는 곳이 교회가 될 터이니 교회 많은 것을 탓할 수 없고, 좋게 생각하면 축복이 아닐 수 없습니다.

21세기 지구촌에서 가장 부흥하는 교회가 있다면 몰몬교회입니다(물론 정통교회가 아님). 그들은 최하 2년 동안 자비량으로 파랗게 젊은 인생의 귀중한 토막을 선교를 위해 드리고 있습니다. 한국선교 122년 역사에 2만 명 선교사시대를 앞에 둔 현시점에서 냉철하고도 합리적인 이성으로 오늘의 선교한국을 진단해 보아야 합니다. 왜일까요?

21세기 지구 종말의 시대에 한국교회는 세계선교의 역사적 사명과 깊은 샘 근원이 되어야 하기 때문입니다. 뿐만 아니라 선교는 오늘과 내일의 한국교회 희망 나무이기 때문입니다. 선교 없는 교회는 존재할 수도 없고 살았다는 이름은 있으나 죽은 교회입니다. 선교가 살면 교회는 일어납니다. 선교가 죽으면 죽은 교회입니다. 선교는 교회의 궁극적 사명이고 '오직 성령'의 열매이기에 선교 없는 교회는 성령 없는 교회이기에 바벨탑처럼 무너지게 마련입니다.

선교는 십자가입니다. 보혈을 지나 생명강 언덕 위에 생명나무 과일이 풍성하기 마련입니다. 그런 의미에서 선교는 최고의 기쁨입니다. 선교는 마약과 같습니다. 거절할 수 없고 외면할 수 없어 모든 것을 내려놓을 수밖에 없는 것입니다.

서울대학교를 졸업하고 하버드대학에서 박사학위를 받은 이용규 선교사가 쓴 「내려놓음」이란 책이 최근 베스트셀러입니다. 쉽고도 마땅한 일의 이야기가 베스트셀러가 되는 한국교회이니 과연 한국교회에 세워진 십자가는 언제까지 오른편 강도 수준의 십자가가 되어야 합니까? 갈보리산 중앙에 든든히 서 있는 메시아이신 예수 그리스도의 십자가가 되어야 하는 것입니다. 사회지도층의 책무를 뜻하는 노블레스 오블리주(noblesse oblige)는 로마시대 초기 귀족 계급의 솔선수범정신에서 비롯된 관용구입니다. 당시 로마사회에서는 지도층의 봉사와 기부 등이 의무이자 명예로 인식되어 자발적으로 이루어졌다고 합니다. 특히 전쟁 등 국가위기 사태 발생 시 지도층의 희생정신 발휘 전통은 더욱 확고했다고 전해집니다. 오늘날 전쟁관련 노블레스 오블리주 실천의 표본으로는 영국을 말하고 있습니다. 영국은 제 1, 2차 세계대전을 거치면서 귀족학교인 이든칼리지 출신 전사자만 2,000여 명이 넘었다고 합니다. 1982년 아르헨티나와의 포클랜드 전쟁 때는 엘리자베스 2세 여왕의 차남 앤드류가 해군 헬기 조종사로 참전하였습니다. 최근에는 찰스 왕세자의 차남 해리 왕자가 이라크 전에 참전할 계획으로 알려져 화제가 되기도 하였습니다. 왕위계승서열 3위인 해리는 왕실의 전통에 따라 군에 자원입대하였고 전쟁터 복무도 자원한 것입니다. 6.25전쟁 시 유엔군의 주력이었던 미군의 경우 현역 장성아들만 140명이 참전해 35명이 사망했습니다. 공군중위로 1952년 4월 야간폭격 수행 중 전사한 밴 플리트 미8군 사령관의 외아들이 그 중 하나입니다. 당시 중국의 권력자 마오쩌둥(毛澤東) 장남인 마오안잉(毛岸英)은 1950년 11월 미군 폭격으로 전사하였습니다. 한동안 실종됐던 아들의 수색작업을 중단시키고 추후 시신을 찾았을 때에도 자기 아들만 송환할 수 없으니 "조선에 묻으라"고 지시한 마오쩌둥의 일화는 유명합니다.

우리나라의 현실은 어떠합니까? '흘러넘치는 자식사랑' 이야기는 너나할 것 없기 때문에 노블레스 오블리주는 모래벌판에서 바늘 찾기만큼이나 어려운 것이 현실입니다.

최고의 노블레스 오블리주는 선교하는 교회이고 최전방에 서 있는 지도자들이 되어야 합니다. 물질과 명예 앞에서 당당하게 내려놓는 삶의 이야기가 상식과 정상이 되어야 합니다.

최근에 헐버트 선교사 후원회 사무실을 방문하여 회장님의 이야기를 들으며 흐르는 눈물 때문에 견딜 수 없어 그의 묘소 앞에 무릎을 꿇었습니다. "목숨이 1,000개라도 사랑하는 조선을 위해 바치고 싶다. 웨스트민스터사원에 묻히지 않고 조선 땅에 묻히고 싶다."

바울 선교사 이후 최고의 선교사라고 찬사를 받은 미감리교회(UMC)의 스텐리 존스의 영적 자서전인 「순례자의 노래」를 품에 안고 "주여! 이렇게 살고 싶습니다. 성령님 기름 부어 주세요"라고 부르짖지 않을 목사와 선교사가 어디 있을까요?

3·1 독립만세운동 34인이라고 일컫는 석호필(스코필드) 선교사의 임종 모습이 가슴을 저리게 합니다. 그처럼 한국을 사랑하고 그 사랑 때문에 무소유로 행복하게 살았던 스코필드 선교사는 조용히 잠들기 전 공책 같은 노트에 쓰인 유언장을 보여 주었습니다. "주여! 부활절이 올 때까지 나를 이 세상에 머물게 해 주시옵소서." 얼마 안 되는 재물을 당신이 사랑하는 아이들이 있는 고아원 원생들에게 보내 달라는 것뿐이었습니다.

그렇습니다. 한국선교는 이제 새롭게 시작해야 합니다. 미개한 시대에 그리고 20대의 젊은 나이에 천국과 같은 고향을 떠나 짐승처럼 살았던 지옥과 같은 한국에 와서 희생의 십자가를 지고 행복한 노래를 부르며 썩은 밀알이 되었던 선교사들을 배워야 합니다. 야성과 희생 없는 선교는 마귀 새가 주워먹는 길가의 밀알에 불과합니다. 십자가는 내가 지는 것이 아니라 주님이 함께 지고 가시는 행복 가마입니다. 다니엘처럼 결심하면 나머지는 선교의 사령관께서 책임져 주십니다.

썩어진 밀알은 100배, 1,000배의 열매를 맺게 하십니다. 그것은 자국인 선교(Native mission)입니다.

"2030년까지 100만 명의 자국인 선교사를 주옵소서."
생각만 해도 가슴이 뛰고 구름 위를 나는 것 같습니다.

2030년까지 한국교회는 100만 명의 선교사를 파송할 수 있습니다.
사명을 가지고 파송하는 일에 집중하여야 합니다.
I(나)가 아니라 N(자국인 선교사 : Native Missionary)입니다.
한국에서 보내는 한국인 선교사 파송이 아닙니다.
선교현장(한국 포함)에서 자국인 선교사를 파송하는 것입니다.

지혜로운 선교

서울올림픽을 기점으로 확산된 한국선교 20년 역사에 최고의 사건이 일어났습니다. 지난 7월 19일 오후 아프가니스탄 현지에서 탈레반 무장세력에 의해 23명의 단기선교팀 일행이 납치된 것입니다. 경기도 성남시 분당구 정자동에 위치한 샘물교회 성도들입니다. 한국군이 철수하지 않으면 인질을 죽이겠다는 갖가지 조건을 내걸고 시한을 넘기면서 피를 말리는 협상이 진행되고 있습니다. 국가적으로는 대통령이 나서고 한국교회가 일치된 마음을 가지고 눈물로 기도할 수 있는 최고의 기회가 되기도 하였습니다. 그런가 하면 천하를 주고 바꿀 수 없는 생명이 꺼져 버릴 수도 있는 안타까운 상황임에도 불구하고 인정사정없이 파송교회와 인질성도를 그리고 고귀한 선교사역을 매도하고 저주하는 모습 앞에서 타락한 인간의 모습이 얼마나 잔학한가를 가슴 아프게 느끼면서 견뎌야 하는 아픔의 시간을 갖기도 하였습니다. 자랑할 수 있는 것이 있다면 모래바람에 밀려오는 먼지밖에 없는 가난한 나라에서 무엇 때문에 그리도 싸우고 있는지 참으로 불쌍한 사람들을 어찌해야 할지! 앞이 캄캄한 어둠의 나라 모슬렘 땅의 영혼도 우리가 구원해야 할 형제, 자매요, 사랑해야 할 이웃임을 어찌 부인할 수 있겠습니까? 참으로 참혹한 현실 앞에서 가슴을 열고 기도해 봅니다.

어찌해야 좋을지, 주여! 인도하소서.

분당 샘물교회는 무거운 십자가를 대신 짊어지고 있음을 깨닫게 됩니다. 왜냐면 우리 모두가 잘 아는 대로 담임목사와 샘물교회는 수리아 안디옥교회와 같은 이 시대의 모델 지도자와 함께하는 모델 교회이기 때문입니다. 금싸라기 같은 여름 휴가철을 40~50℃가 오르내리는 세계 최고의 가난하고 살기 힘든 나라에 유서를 써놓고 봉사하러 떠난 것 자체가 예수의 뜨거운 피가 흐르는 심장이 없다면 불가능한 일입니다. 그런 의미에서 선교의 사령관 되시는 우리 주님께서 십자가를 지고 순교자의 길을 가는 샘플로 선택하신 것입니다. 그러므로 21세기 선교와 영성의 시대를 살아가야 하는 한국교회는 십자가의 길, 순교자의 길을 가는 샘물교회 23명의 선교사들을 통하여 값비싼 교훈을 삼아 21세기 미래 선교의 디딤돌로 삼아야 하는 것입니다.

첫 희생자로 썩어진 한 알의 밀알이 된 故 배형규 목사 부인의 호소문과 아홉 살 난 어린 딸의 고백이 21세기 세계선교를 담당해야 할 한국교회의 고백이기를 소원합니다.

"고통스러운 지난 일주일을 지내면서 살아 돌아오기를 기다리는 가족들의 마음이 얼마나 견디기 힘든 고통인지 느꼈습니다. 이번 사태의 희생자는 남편 한 사람으로 족합니다. 하늘에 있는 남편도 남아 있는 22명의 피랍자들이 하루 속히 가족의 품으로 돌아오기를 간절히 원하고 있다고 생각합니다. 더 이상 희생자가 나오지 않기를 바랍니다."

"아빠가 생일날 아주 큰 선물을 받고… 하늘나라로 갔다고…." 입술을

'세계선교' 어떻게 할 것인가?

꼭 깨물면서 말했다는 신문기사를 읽으면서 무슨 말을 할 수 있겠습니까?

그렇습니다. 그들의 희생과 눈물이 헛되지 않도록 우리 모두 결단해야 합니다. 새롭게 출발해야 합니다.

첫째, 세계선교의 발걸음을 멈추거나 후퇴해서는 아니 됩니다. 2보 전진을 위한 1보 후퇴는 있을 수 있으나, 선교가 매도되거나 사랑의 실천이 멈추어서는 아니 됩니다. 선교의 씨 한 톨 심지 않으면서 입만 가지고 평가하는 검사가 되지 말아야 합니다. 우리 모두는 변호사가 되어야 합니다. 그리고 그분들의 뒤를 이어 수없는 전사들이 뛰어 들어가야 합니다. 그것이 선교이고, 2000년 기독교 선교역사입니다. 선교는 낭만이 아니고 사느냐 죽느냐의 영적 전투입니다. 선교사는 최전방에 파송된 십자가 전사입니다. 하늘, 땅의 권세를 가지신 우리 주님이 세상 끝날까지 함께하시는 보장된 축복입니다. 최고의 축복은 순교자의 축복인 것입니다. 선교지는 선교사의 무덤입니다.

둘째, 비둘기처럼 순결하게 선교해야 합니다. 선교에는 찌꺼기나 오물이 섞여서는 아니 됩니다. 동기가 순수해야 합니다. 삶이 정결해야 합니다. 선교의 세계에는 거짓말이 있을 수 없습니다. 오직 예수만이 구원이라고 고백하고 전해야 합니다. 선교가 최고의 사랑이라고 외쳐야 합니다. 내가 만난 예수, 나와 함께하시는 예수 때문에 행복하다고 가르쳐 주어야 합니다. 시험이 오고 핍박이 오고 죽음이 와도 선교사의 삶을 살겠다고 고백하고 전해야 합니다. 어물쩍 거짓말로 넘어가면 아니 됩니다. 샘물교회 선교팀은 봉사하러 간 것이 아니고 아주 짧은 단기 선교사로 간 것입니다.

셋째, 뱀처럼 지혜롭게 선교해야 합니다. 달걀로 바위를 친다면 달걀은 깨지고 맙니다. 그것이 하나님의 뜻입니다. 관리(management)는 인간의 몫이고 은혜를 부어 주심은 하나님의 선물입니다. 건강관리, 시간관리, 물질관리, 사역관리… 인생살이 모두가 "관리"입니다. 생육하고 번성케 하심은 하나님 몫이고 정복하고 다스림은 인간의 몫입니다. 선교도 마찬가지입니다. 그래서 우리 주님은 조금은 이상한 비유이지만 뱀처럼 지혜롭게! 선교의 방법과 전략을 명령하신 것입니다.

2007년을 한국의 모든 교회가 어게인 1907년, Beyond 1907년을 외치고 있는 이유가 어디 있습니까? 국민 소득 50$도 되지 않는 미개한 한국교회의 처음 부흥을 목마르게 사모하는 이유가 어디 있습니까? 비록 가난하고 무지한 백성이 모인 교회였지만 가장 성경적인 그릇을 준비할 수 있었기 때문입니다. 우리 모두를 포함한 오늘의 한국교회는 회개해야 합니다. 눈물을 쏟아야 합니다. 하늘의 불로 냉랭한 가슴을 태워야 합니다. 21세기 한국교회 선교 역시 처음 선교사들의 선교방법을 배워야 합니다. 돈만 가지고 선교하는 돈 선교를 탈피해야 합니다. 아차 잘못하면 돌아버리는 선교가 되기 때문입니다. 초등학교 2학년 때 어머님의 손을 잡고 처음 교회에 나갔을 때 교회학교는 어린이들로 차고 넘쳤습니다. 초등학교 6학년이 되면 모두가 사범반이 됩니다. 초등학교를 졸업하면 모두가 교회학교 선생님이 되었습니다. 55년 전 선교방법이고 전략입니다. 이것이 네비우스 선교전략입니다. 자립(自立), 자전(自傳), 자치(自治), 자축(自築)의 네비우스 선교방법을 통하여 한국교회를 축복하신 것입니다.

1936년 신문에 기사화된 "한국교회 9년의 성과"의 내용입니다.

18만 640명의 새신자를 얻다. 122% 증가에 교인 수는 도합 34만 1,700명이 되다. 순수한 새 세례교인을 2만 8,400명이 획득되다. 이는 30%의 증가, 합계는 11만 9,955명이 되다. 무보수 사역자가 6,800명이 늘어나다. 이는 57%의 증가, 지교회 사역자는 도합 1만 8,968명에 달하다. 그밖에도 주일학교 교사는 2만 8,912명이다. 609개의 교회 수 증가(27%) 1,089개의 새 교회 건물 완공 도합 2,930교회 유급 사역자 584명 확보 50% 신장. 남녀 유급 사역자 도합 1,687명.

이제 선교의 교만을 버릴 때입니다. 1903년 가장 초라하고도 낮은 자되어 거지처럼 엎드려 회개하였던 감리교회의 하디 선교사를 배워야 합니다.

"2030년까지 100만 명의 자국인 선교사를 주옵소서."
생각만 해도 가슴이 뛰고 구름 위를 나는 것 같습니다.

진짜 선교사, 짝퉁 선교사

아프가니스탄 피랍 사태 후 첫 희생의 열매인 故 배형규 목사를 추모하면서 19명이 모두 풀려나기 전까지 검정 넥타이를 매고 다녔습니다. 여섯 가지 이유와 기도 제목 때문입니다. 무더운 삼복염천이지만 죄인 된 마음과 회개하는 심정으로 작은 사랑의 씨앗을 심고 노란색 리본을 달아 보여드리는 것이었습니다. '선교사의 삶을 사는 사람이 왜? 선교지에서 구사일생으로 살아남아 덤으로 사는 선교사가 왜? 예수님의 마음은 둘째하고 피랍자 부모 형제들의 창자가 찢어지고 억장이 무너지는 민망히 여기는 마음과 눈물이 이 정도 뿐인가?' 안타까운 마음 숨길 수 없어 현대판 선교 바리새인임을 고백하면서 검정 넥타이를 매고 찬양의 기도를 올렸던 것입니다.

내 이름 아시죠

나를 지으신 주님 내 안에 계셔

처음부터 내 삶은 그의 손에 있었죠

내 이름 아시죠 내 모든 생각도

내 흐르는 눈물 그가 닦아 주셨죠

그는 내 아버지 난 그의 소유

내가 어딜 가든지 날 떠나지 않죠

내 이름 아시죠 내 모든 생각도

아바라 부를 때 그가 들으시죠 아멘

안타까운 마음으로 진짜 선교사와 짝퉁 선교사를 생각해 봅니다. 지난 8월 13일 여성 인질 두 명을 석방하였습니다. "난 건강이 회복되고 있으니 다른 여성을 보내주세요." 이지영 자매의 용기와 사랑에 네티즌뿐 아니라 탈레반도 감동되었다지요. 아프가니스탄의 수도 카불에서는 시민 2,000~3,000명이 한국인을 납치한 집단을 비난하고 피랍자들을 석방하자는 데모를 했을 뿐 아니라 탈레반 출신의 국회의원까지 나서서 협상하고 한국 사람들을 살리려고 애쓰고 있습니다.

이번에 아프가니스탄에 간 젊은이들은 의료봉사단원들입니다. 이들은 3년 전에 그곳에 병원을 세우고 해마다 봉사를 다녀왔습니다. 이 젊은이들은 내전 중인 나라를 생각하고 질병을 고치고 약을 주기 위해 갔습니다. 하나님을 사랑하고 불쌍한 아이들을 사랑하고 굶어 허기지고 병들어 죽어 가는 사람들을 사랑했기에 간 것입니다. 거절할 수 없는 사랑 때문에 외면할 수 없는 사명 때문에 간 것입니다. 예수님께서 베풀어 주신 사랑과 은혜에 감격한 사랑 때문에 간 것입니다. 갈 수밖에 없는 이끌림 때문에 간 것입니다.

故 배형규 목사는 순교의 첫 열매가 되었습니다. 이 글을 쓰면서 19명

의 젊은이들이 자유의 몸이 된다는 기쁜 소식을 들었습니다. 할렐루야! 감사드립니다. 살아 있는 순교자 '이지영' 자매의 숭고한 십자가의 삶의 고백을 듣고 싶습니다. 아름다운 마음씨를 가진 천사의 얼굴도 보고 싶습니다. 그리고 주 앞에 무릎을 꿇고 기도하고 싶습니다. 故 배형규 목사와 故 심성민 형제의 영전에 뜨거운 눈물의 기도를 드립니다. 주여! 저에게도 그 마음, 그 사랑, 그 고백, 그 삶을 주옵소서. 짝퉁 천지인 이 세상에서 선교사만은 순도 100%가 되어야 합니다.

아프가니스탄에서 활약하는 탈레반의 고향은 파키스탄입니다. 파키스탄은 1947년 이슬람교를 국교로 하여 인도로부터 독립하였습니다. 전 인구 1억 6,000만 명 중 97%가 모슬렘이고 기독교인, 힌두교인이 각각 1.5%씩 차지합니다. 어디를 가나 이슬람 성전인 모스크가 많고 생활 깊숙이 이슬람 교회가 지배하고 있는 나라입니다. 나라 크기는 북에서 남까지 약 2,500km로 한반도의 8배 정도이니 꽤 큰 나라입니다. 북쪽은 눈 덮인 아름다운 고산지대, 중부는 넓은 평지, 서부는 고원 지대 그리고 남부는 사막 지대 등 북쪽 히말라야 산맥에서부터 남쪽 아라비아 해 바닷가까지 다양한 기후와 자연 환경을 가지고 있습니다. 아직은 산업화가 이루어지지 않았기에 가난하고 순박한 백성이 사는 나라이지만 지구의 종말을 예고하는 핵폭탄을 보유한 무서운 나라입니다. 그러나 보이는 핵폭탄보다 10배, 100배 더 무서운 탈레반(이슬람 신학생)을 훈련하며 아프가니스탄에 파송하는 이슬람 선교사 파송국가입니다. 군사 강국 소련을 무릎 꿇게 하고 21세기 세계 통치 국가인 미국을 고통스럽게 하는 뜨거운 감자입니다. "어제 우리는 크렘린궁을 부쉈다. 오늘 우리는 백악관을 부순다"는 탈레반의 노랫말은 '괴물'의 소리이기 전에 한국선교의 교과서가 되어야 합니다. 도대체 그렇게도 강력한 힘이 선교 강국 한국교회와 대한민국을 꼼짝

'세계선교' 어떻게 할 것인가?

못 하게 한단 말입니까?

　한 줄로 요약한다면, '전략과 훈련'이라고 말하고 싶습니다. 최고의 전략은 자국인 선교(native mission)입니다. '훈련'은 선교단체와 교단이 이제 목숨 거는 각오로 시작해야 합니다. 민족과 나라가 사는 길이고 한국교회의 희망이 여기 있습니다. 그러나 한국인 선교사 훈련은 결코 쉬운 일이 아닙니다. 그래서 자국인 선교를 부르짖는 것입니다.

"2030년까지 100만 명의 자국인 선교사를 주옵소서."
　생각만 해도 가슴이 뛰고 구름 위를 나는 것 같습니다.

오직 예수 세계선교

2007년 9월 2일 샘물교회 피랍자 전원이 인천공항을 통해 입국함으로 고통의 터널을 통과하였습니다. 샘물교회 담임목사의 고백입니다. "지난 40일은 40년처럼 길었지만 함께 기도해 주신 분들 때문에 견딜 수 있었습니다. 소망을 가질 수 없었던 상황에서 소망의 끈을 놓지 않을 수 있었던 것은 진정 하나님의 은혜였습니다. 온 마음을 다해 감사드립니다."

처지를 바꾸어 놓고 생각해 봅니다. 열린 입으로 모두가 한마디씩 이야기하고 판단도 하지만 영적 어버이로서 담임목사의 고통이 어떠하였을까? 21세기 선교한국을 위하여 무거운 십자가를 대신 지고 가는 그리스도 같다고 한다면 지나친 표현일까? 얼마나 큰 죄를 지었기에 신자 불신자를 막론하고 침을 뱉고 돌을 던지므로 피투성이가 되어 무덤(?)에 묻히게 되었는가? 목사가 담임목사직을 내려놓는 것이 쉽지 않은 것임을 알기에 샘물교회와 박은조 목사에게 박수를 보내는 것입니다.

그 목사에 그 교인들입니다. 순교로 생을 마친 故 배형규 목사의 아름다운 죽음은 어떠한가? 그리고 억류되어 있는 동안 개종을 거부하다가 극

심한 구타와 억압에도 불구하고 오직 예수 신앙으로 버텨냈으며, 하나님 앞에 살아 있는 순교자가 되었습니다. 세상에 밟히고 있는 한국교회를 향하여 팔복(八福 마 5:1~12)을 받은 최고의 축복자임을 보여준 것입니다.

그렇습니다. 선교는 피 흘림에서부터 시작합니다. 교회는 순교자의 피를 먹고, 세워지고, 자라는 것입니다. 한국교회는 푸른 꿈 가득한 희망으로 새해를 맞이하였습니다. 평양대부흥을 기대하면서 'Beyond 1907' 'Again 1907' 년으로 2007년을 시작했습니다. 모든 교회와 교단이 엄청난 경비를 들여 맘모스 대회도 하고 영적 각성을 위한 회개의 기도도 드렸습니다. 그러나 웬일인지 하늘은 놋이 되어 조각구름이 보이지 않으니 언제 은혜의 소낙비가 쏟아지겠습니까?

목사의 마음도 이리 답답한데 성도들의 마음은 어떠하겠습니까? 이렇게 많은 개척교회와 미자립교회의 배고픔과 목마름을 누가 해결하겠습니까? 기독교 2천 년 역사상 최고의 부흥과 성장의 모델이 한국교회라고 합니다. 그러나 30년 동안 반짝 하다가 꺼져 가는 등불이 오늘 한국교회이기도 합니다. 왜 그럴까요? 역사에서 배워야 합니다. 오늘 한국교회의 축복은 엄밀한 의미에서 우리가 심고 물 주어 거둔 열매가 아닙니다. 그 옛날 20대 중반을 갓 넘은 새파란 눈동자를 가진 선교사들의 순교적인 신앙 덕분입니다. 그들은 썩어진 밀알들이었습니다.

한국교회는 어떠합니까? 17,000여 명의 보냄 받은 선교사나 이들을 보내는 교회의 영적 수준은 이제 다시 시작해야 하는 수준임을 누가 부인하겠습니까? 이러한 우리의 모습은 엄밀히 따지고 보면 오늘 우리가 만든 것이 아닙니다. 5천 년 역사 속에서 길바닥 질경이처럼 밟히고 또 밟히므로 육신의 생존을 위해 복음을 받아들이고, 한 맺힌 오복(五福-長壽, 富, 康寧, 攸好德, 考終命) 때문에 그 이상은 배울 수도 없었으며 기도할 수도 없었던 것입니다. 가난과 질병에서 벗어나 끼니 걱정하지 않고 건강하게 사는 것이고, 자식들이 죽지 않고 자라 대를 이어 주는 것이고, 효도를 받는 것이었습니다. 구국의 열정, 나라를 잃어버린 슬픔에서 국권을 회복하기 위한 단말마의 외침 외에 무슨 소원이 있겠습니까?

조금 깨어 있는 사람이라면 나라의 독립과 국권 회복이지만 소망 없는 긴 세월 동안 회유와 폭정 아래 신사참배를 할 수밖에 없었을 것이니 누가 누구에게 돌을 던지겠습니까? 손바닥만 한 땅덩어리가 남북이 나뉘어져 동족끼리 총질하는 나라. 새벽기도가 넘칠 수밖에 없고 철야기도가 울부짖는 눈물의 강일 수밖에 없었습니다. 40일 금식기도 하는 기도 용사가 넘쳐나는 한국교회, 하나님은 참 좋으신 아버지이십니다. 십자가 종탑의 네온사인이 밤하늘을 밝히고 전국 방방곡곡에 5만여 교회를 세우는 복 받은 나라가 되었습니다.

목사가 직업이라면 성직(聖職)입니다. 이 세상에 많고 많은 직업 중 밥 굶으면서 하는 직업, 잠자지 않고 하는 직업, 울면서 해야 하는 직업이 어디 있습니까? 그러나 믿음 좋은 목사, 장로 자녀들이 너도나도 선지학교에 들어가니 차고 넘치는 곳이 신학교입니다. 매년 세계선교의 논문 30%가 나오는 훌러 신학교 3,000명 학생 중 절반이 한국교회 목사, 전도사들이라니 복 받은 나라임에는 틀림이 없습니다.

그러나 이대로는 아닌 것 같습니다. 뿌리가 샤머니즘입니다. 사명이 아니고 소유입니다. 성공주의 바벨탑의 열매입니다. 이웃이 있을 리 없습니다. 재앙은 물러가고 복만 달라고 합니다. 십자가 없는 기독교와 피 없는 교회는 무당예수요, 회초리와 노끈으로 매 맞고 청소되어야 할 한국교회가 되고 말았습니다. 갈 곳 없는 목사 후보자들이 가야 할 곳은 또 어디입니까? 2030년까지 한국교회는 10만 명의 선교사 보유는 쉽고도 간단하게 이루어질 산술적인 축복일 것입니다.

그러나 이대로는 안 됩니다. 샘물교회 피랍사건을 통하여 하나님의 음성을 들어야 합니다. "고상하고 거룩한 죽음의 영성을 준비했는가?" 어제나 오늘 그리고 미래! 어디에서나! 누구에게든지! 요구하시는 주님은 목숨을 다하여! 뜻을 다하여! 마음을 다하여! 100%를 요구하십니다. 하나님은 우리의 행위를 저울로 달아 보십니다(삼상 2:3). 그리고 행위를 아시고 불꽃같으신 눈으로 교회를 세우기도 하시고 토해 내기도 하십니다.(계 2~3장)

믿음의 척도는 '순교'입니다. 한국 천주교회의 뿌리가 되는 1801년 신유사옥을 생각해 봅니다. 수많은 신도들이 조기 두름 엮듯이 포박되었습니다. 피 비린내 나는 국문(鞫問)은 끝도 없이 계속되었습니다. 옥마다 처참한 몰골로 변한 사람들로 가득 차고 넘쳤습니다. 고문이 심해짐에 따라 피 비린내와 살 썩는 냄새에다 온몸은 살아 있는 구더기로 썩어 갑니다. 천주학쟁이들은 형장의 이슬로 잡초처럼 쓰러지고 피를 흘렸습니다. 순교의 제물이 된 것입니다.

중국에서 파송된 오직 한 사람 선교사였던 주문모, 당시 주문모 선교사는 조선 천주교회의 보이는 하나님이었습니다. 그만큼 존경과 흠모의 대상이었습니다. 자신을 따르던 신자들을 버려두고 북쪽으로 가는 것이 천주님의 뜻일까? 그는 양처럼 온순하게 자신을 따라준 신자들과 함께했던 6년 동안의 사역을 마감하기로 결심합니다. "나를 희생하므로 교우들을 구하자, 내가 희생양이 되면 이러한 고문이 잠재워질지도 모른다. 관리들이 나를 잡기 위해서 교도들을 저렇게 잡아 죽이고 있지 않은가?" 주문모 신부는 자현하므로 모든 신도들을 구하고 한 알의 썩어진 밀알이 되기로 결심합니다. 주문모 신부에 대한 처리는 외국인이기 때문에 왈가왈부가 많았지만 강경파들의 주장이 완강하여 사형이 집행되었습니다. 서소문

밖 사형장에서 이슬처럼 그의 육체는 한 송이 꽃이 되어 사라진 것입니다. 그러나 그 꽃은 열매되어 오늘의 천주교회를 이루고 있습니다.

두 눈을 부릅뜨고 현실을 직시하여야 합니다. 오직 예수!(행 4:12) 세계선교!(마 28:18~20)에 목숨을 걸어야 합니다. 자국인 선교에 올인하면 축복의 문이 열릴 것입니다.

"2030년까지 100만 명의 자국인 선교사를 주옵소서."

생각만 해도 가슴이 뛰고 구름 위를 나는 것 같습니다.

자국인 제자 선교사

겨울이 달려오는 소리가 들립니다. 교회는 삶의 전 영역에서 '복음'을 살아내고 형상화하는 사람들의 결사체입니다. 나는 소유를 위하여 몸부림치는가? 아니면 사명을 위하여 복음만을 붙잡고 그분이 보내시는 곳 어디든지 가서 믿음 소망 사랑의 삶, 즉 예수 그리스도의 복음을 실제화하며 살아가는가? 넓고 넓은 세상, 티끌처럼 사는 인생길에서 오직 일용할 양식으로 만족하며 하늘에서 땅으로 내려오신 예수님처럼 선교사의 삶을 살고 있는가?

그렇게 사는 것이 최고의 행복이요, 영원한 삶이지만 한국교회의 현실은 어떠합니까? 자신들의 필요를 더 잘 채워주는 교회로, 그리고 사람들의 필요를 더 잘 채워주는 교회를 만들기 위하여 몸부림치고 있지는 않은가? "사명은 하나님 존재 자체에서 뽑아낸 것으로 이해된다. 아버지와 아들 그리고 성령님이 교회를 세상 안으로 보내신다. … 사명이 있기에 교회가 있는 것이지 교회가 있기에 사명이 있는 것은 아니다." (데이비드 보쉬)

이제 생각을 바꾸어야 합니다. 그것이 종교개혁입니다. 생텍쥐페리가 남긴 말입니다. "배를 건조하려면 인부들에게 나무를 실어 오라고 재촉하거나 분업을 시키거나 명령을 내리지 말라. 그들에게 넓고 끝없는 바다를 동경케 하라." 우리 주님은 교회와 나를 향해 어떤 간절한 바람과 기대를 하실까요? 두말할 나위 없이 지상명령(마 28:18~20, 행 1:8)입니다. 예수님께서는 곧바로 땅끝까지라도 가라고 행군 명령을 내리십니다. 개인뿐만 아니라 이 세상과 세상나라의 일들 가운데 하나님의 통치가 성령을 통해 이루어지는 모든 곳이 하나님의 나라입니다. 선교는 하나님의 나라를 확장하고 세우는 사역입니다. 이제 왕의 음성에 귀 기울여야 합니다. "너희는 가서…" 목표는 땅끝입니다. 그것이 비전이요, 사명입니다.

33세에 더 점령할 땅이 없어 울었다는 알렉산더 대왕에게 부왕(父王)인 필립 대왕이 한 말입니다. "아들아! 네 야망에 걸맞는 대 제국을 건설해야 한다. 마케도니아는 너에게 너무나 작다." 그런 의미에서 '세계선교'는 아무나 하는 것이 아닙니다. 자기의 궁극적인 소유욕 때문에 예수님을 팔았던 가야바와 같은 종교지도자들, 바리새인과 서기관, 사두개인들 그리고 그들이 세운 황금사원 예루살렘교회를 누가 정죄하겠습니까? 심지어 타락했던 중세 가톨릭과 목숨을 걸고 진리를 사수하며 새로운 교회를 세웠던 종교개혁주의자들과 추종자들까지도 가장 중요한 지상명령(great commission 마 28:18~20, 행 1:8)이 초대교회에 이미 이루어졌기에 이제 남은 일은 지역을 복음화하는 것이라고 믿게 된 것입니다.

종교개혁 시기에서 근대선교의 아버지인 윌리엄 케리 시대에 이르기까지 예수님의 선교명령은 무시되거나 다르게 해석되었습니다. 윌리엄 케리는 개혁주의자들의 그런 논쟁을 통렬하게 비판하면서 모든 족속으로 제자를 삼으라는 명령이 타당성이 없다면 그리스도인에게 세례를 베푸는 것도 타당성이 없음을 역설하면서 선교에 대한 잘못된 주장을 공격했습니다. 사실 후세대에 제자 삼는 사역을 했던 사람들은 성경적 근거 없이 한 것이었습니다. 왜냐하면 가지 않고는 모든 족속을 제자 삼을 수 없기 때문입니다. 심지어 윌리엄 케리는 예수님께서 우리와 함께하리라 하신 놀라운 축복의 약속도 우리가 그의 지상명령에 순종하지 않으면 이루어질 수 없는 조건적인 구절임을 밝혔습니다. 그러나 참으로 안타까운 사실은 윌리엄 케리 이후 근대 선교역사가 발전하는 기간인 200여 년 동안 다른 것들은 거의 무시된 채 지상명령만이 가장 중요한 구절이 되었다는 것입니다. 그리고 지상명령만 강조됨으로써 마태복음의 전체적인 말씀과 선교에 대한 포괄적인 메시지가 균형 있게 발전하지 못했습니다. 주님의 지상명령을 옹호하는 사람들의 선교신학은 매우 단순하였고 포괄적이지 않습니다. 지상명령에 대한 구절은 지상명령을 수행했던 사람에게는 지나치게 남용되었지만 다른 사람에게는 무시되었습니다. 이렇게 해서 신학세계의 주류에 구원과 선교의 분리가 영구적인 것이 되었습니다. 결국은 선교하는 사람들의 선교에 대한 몰이해와 지혜 없음이 세계선교를 가로막는 걸림돌이 된 것입니다.

그렇다면 한국교회의 희망은 어디에 있고 누구일까요? 최전방에서 헌신하는 선교사들과 선교사를 보내는 교회의 지도자들의 몫입니다. 알렉산더 대왕의 길들여지지 않는 야생마(野生馬) '부케팔루스' 이야기입니다. 아무도 다룰 수 없기에 버려진 말이 될 운명이었습니다. 그러나 13달란트라는 거금(1,000명의 병사를 사고도 남을 값)을 치르고 사들여 17년이라는 긴 원정길에서 천리마가 되어 주인을 기쁘게 하는 최고의 명마(名馬)가 된 것입니다. 알렉산더 대왕은 "정복당한 사람들에게 굳이 두려움을 안겨줄 필요가 없다."는 식민정책을 썼습니다. 사실 패배한 사람들에게 이전보다 훨씬 나은 대접을 받을 거라는 믿음을 심어 주는 것이 한결 성숙된 식민정책입니다. 알렉산더는 정복된 도시의 정치시스템을 그대로 유지시키고 나아가 이전의 통치자들에게 그대로 권력을 물려주었습니다. 원정을 통해 통일된 세계 국가를 세워 나라와 인종의 장벽을 깨뜨리고 식민 백성을 하나로 통일된 국민으로 다스리는 것이 알렉산더의 꿈이요, 희망이었던 것입니다.

그렇습니다. 지상명령인 세계선교에도 똑같이 도입할 수 있습니다. 그런 의미에서 자국인 선교(Native mission)는 어느 시대, 어느 종족, 어느 선교사도 배우고 실천해야 할 최고의 비전과 전략이 아닐 수 없습니다. 얼마 전에 들은 선교지 소식입니다. 아프리카 ○○○의 어느 도시에 한국 교민이 200명인데 한국 선교사만 150명이라 합니다. 그 옛날 백인 선교사들의 무덤이었을 뿐 아니라 지금도 우리나라와 비교하면 지옥과 같은 선교지에 가서 눈총을 받고 선교동원을 방해하는 삶을 살아야 하겠습니까? 해결책은 간단합니다. 그곳에서 선교의 방향을 바꾸면 되는 것입니다. 그것이 자국인 선교입니다. ○○○를 중심으로 아프리카를 가슴에 품고 자국인 제자 선교사를 양육하여 이웃나라에 파송하는 것입니다. 이제는 건물이 아니라 사람입니다. 제자입니다. 자국인 선교사입니다.

"2030년까지 100만 명의 자국인 선교사를 주옵소서."
생각만 해도 가슴이 뛰고 구름 위를 나는 것 같습니다.

처음처럼!

새해 희망의 새날을 기다리며, 한 번도 밟지 않은 2008년의 밝은 아침부터 선교사의 길을 힘차게 걷고 싶습니다. 신영복 님의 '처음처럼'이란 글귀가 가슴을 저리게 합니다. 지난날 고난의 발걸음이 주님이 함께하신 선교사 훈련과 연단의 눈물길이었기 때문입니다.

"처음으로 하늘을 만나는 어린 새처럼 처음으로 땅을 밟는 새싹처럼 우리는 하루가 저무는 겨울 저녁에도 마치 아침처럼, 새봄처럼, 처음처럼 언제나 새날을 시작하고 있다. 산다는 것은 수많은 처음을 만들어 가는 끊임없는 시작입니다." 20년 2개월을 죄 없이 감옥에서 보낸 신영복 님의 메시지가 가슴을 서늘하게 합니다. "인생의 가장 먼 여행은 머리에서 가슴까지의 여행이라고 합니다. 냉철한 머리보다 따뜻한 가슴이 그만큼 더 어렵기 때문입니다. 그러나 또 하나의 가장 먼 여행이 있습니다. 가슴에서 발까지의 여행입니다. 발은 실천입니다. 현장이며 숲입니다."(신영복의 '처음처럼' 중에서)

'무례한 한국교회', '추락하는 한국교회'라고 합니다. 책을 통하여 인 터넷을 통하여 매스컴을 통하여 나와 우리 교회를 초토화시키고 있습니다. 무례한 한국교회, 추락하는 한국교회의 중심에는 '세계선교'가 자리 잡고 있는데…. 그러나 놀라거나 겁낼 일이 아닙니다. 왜냐하면 "선교의 사령관은 부활하신 예수 그리스도이시기 때문입니다. 그만큼 세계선교가 보편화되었다는 축복의 메시지입니다. 알곡과 쭉정이를 가리시는 축복의 바람이기 때문입니다. 풍요 속에서 '처음처럼'을 잃어버리지 않게 하시는 갈대 회초리임을 믿기 때문입니다. 알곡선교를 찾아 축복하시는 기회인 줄 믿기 때문입니다."

무례한 한국교회의 대표는 샘물교회가 아닙니다. 순교의 제물이 되신 故 배형규 선교사는 한국교회를 추락시키는 괴수가 아닙니다. 돌을 던지 고 칼질하는 교회 안의 안티세력이 더 문제입니다. 동정녀 탄생을 믿지 못 하고 성경 66권을 불신하고 성경의 위대한 명령(마 28:18~20)을 난도질하 는 무례한 종교인이고 추락하는 한국교회의 가라지입니다. 주님과 같은 열정(passion)을 품고 열방을 향한 아버지의 마음을 나누어 주면서 300여 명의 청년부 중 매년 150명 넘게 10여 개국에 단기선교활동을 나가면서 아프가니스탄에만 5명의 청년 장기 사역자를 배출하였던 교회입니다. 또 한 그는 귀한 종이었습니다. 2년간 간경화로 인해 죽을 뻔했으나 하나님 께서 치유하여 주셨으며 그는 순교의 제물이 된 것입니다.

그러나 이러한 희생에도 불구하고 우리는 아프가니스탄의 2,800만 영 혼을 포기하지 말아야 합니다. 우리 아버지께서 포기하지 않으셨는데 우 리가 먼저 포기해서는 안 됩니다. 대원군의 쇄국정책으로 조선은 당시 외 국 사람들의 여행 금지 국가였습니다. 그러나 토마스 선교사를 비롯하여 많은 목사 의사 간호사 교사들이 전우의 시체를 넘고 넘어 흑암의 땅에 찾아온 것입니다. 대부분 20대 중반이었던 젊은 피들은 죽음을 두려워하지 않았습니다. 합정동의 선교사 묘지가 우리 모두에게 주시는 살아 있는 메시지입니다.

그러므로 한국교회는 '처음처럼' 2008년은 하루하루를 새롭게 시작해야 합니다. 회개해야 합니다. 성령님과 함께 성경적인 선교인가를 확인하면서 지뢰밭을 피해 가듯이 지혜로운 냉철한 두뇌와 뜨거운 열정의 피, 가슴 손과 발로 섬기는 예수님의 삶으로의 출발입니다. 좁은 길, 십자가의 길, 제자의 길이 21세기 선교한국의 길입니다.

지난해 12월 초 한국교회를 방문하였던 미(美) 메노나이트 연합성경 신학교 넬슨 크레이빌 총장의 메시지 앞에 고개를 들 수 없습니다. 영국 선교사로 활동하기도 한 그는 국가 권력이 조장하는 폭력 앞에 그리스도인들은 예수의 가르침 중 특별히 산상수훈(마 5~7장)을 삶으로 풀어 낼 것을 주문하였습니다. 크레이빌 총장은 또 요한계시록 21장의 새 예루살렘을 현재진행완료형으로 해석하였습니다. 새 예루살렘은 예수님의 초림과 함께 도래한 하나님의 나라 곧 피조세계를 치유하는 하나님의 임재가 드러나는 곳으로 아직 완성되지 않은 하나님의 통치 영역이라고 설명하였습니다. 그는 "교회 규모가 크다고 새 예루살렘은 아니다"라면서 하나님의 법에 합당하게 살아야 새 예루살렘의 백성이라고 강조하였으며 하나님의 법은 산상수훈과 관련되었으며, 구원은 믿는 것뿐 아니라 삶의 방식과 관련됐다고 하였습니다. "포스트모던 시대 사람들은 너무 외롭게 삽니다. 가족, 이웃과 살려 하지 않고 성공과 돈을 좇습니다. 교회는 이러한 가치를 따라가지 말고 새 예루살렘 시민으로 대안을 제시하여야 합니다. 사람들을 교회로 초청하십시오. 초대교회는 복음 전도의 열정 때문에 성장한 것이 아닙니다. 그들은 다른 사람들에게 희망이 되었기 때문입니다."(국민

일보 기사 중에서)

그렇습니다. 메노나이트 공동체의 삶을 현장에서 듣고 배웠기 때문에 도시 한복판의 삶이 롯의 삶이 아닌가? 고민하며 살고 있습니다. 마므레 상수리 나무 우거진 시골 아브라함의 삶을 그려 봅니다. '해외선교' 역시 소돔 성의 거품을 빼야 합니다. 움직일 수 없도록 불어난 체지방을 사정없이 제거해야 합니다. 2008년 새해, 새날이 밝아오는 축복의 원년을 '처음처럼' 예수의 삶으로 시작해야 합니다. 큰 나팔을 불어 봅니다. '예수선교' 의 모형은 '자국인 선교사' 의 삶이고 전략입니다.

"예수께서 무리를 보시고 산에 올라가 앉으시니 제자들이 나아온지라 (마 5:1)."

"2030년까지 100만 명의 자국인 선교사를 주옵소서."

생각만 해도 가슴이 뛰고 구름 위를 나는 것 같습니다.

지상명령

경제를 부흥시키자는 후보가 높은 지지율로 17대 대통령에 당선되었습니다. 짧은 대한민국 역사에 세 번째로 장로가 대통령이 된 것입니다. 많은 목사와 장로들이 행복하다고 합니다. 어느 정권이나 마찬가지겠지만 인수위원회의 활동을 보면서 푸른 꿈에 잠깁니다. 근세 선교역사에 보면 세계선교를 주도하는 나라의 공통점의 하나는 경제력이었습니다. 17세기 네덜란드도 18세기 독일도 19세기 영국도 20세기 미국도 마찬가지입니다. 21세기는 대한민국이 되기를 소원하면서 대한민국을 선교로 봉헌하는 21세기 다윗과 같은 대통령이 되기를 소원합니다.

선교에 있어서 물질은 매우 중요합니다. 뭐니 뭐니 해도 돈(money)이 필요합니다. 그러나 주인은 돈이 아닙니다. 사람입니다. 구원받은 하나님의 사람입니다. 무리가 아니라 제자입니다. 분명한 것은 옛날이나 지금이나 선교는 아무나 하는 일이 아닙니다. 지상명령(great commission)이기 때문에 모든 교회, 모든 성도가 해야 마땅하지만 수리아 안디옥교회처럼 특별히 은혜 받은 교회만의 특권이기에 슬픔도 있고 아픔도 있으며 선택된 자에게만 주시는 최고의 행복이 있습니다.

2007년 12월 7일, 검은 재앙이 밀려온 태안 앞바다는 죽음과 절망 자체였습니다. 유조선 허베이 스피리트호에서 48시간 동안 원유 12만 547㎘가 바다로 흘러 태안반도 백사장과 갯바위를 덮친 것입니다. 고무물통으로 원유를 퍼내던 재앙의 날에는 "모래가 없어져야 기름도 사라질 것"이라고 절망하였습니다. 그러나 민관 자원봉사자 100만 명이 모여들면서 봉사의 기쁨을 체험하고 실의에 빠진 주민들이 다시 일어나 희망을 노래하는 '태안의 기적'을 이루어 냈습니다.

그렇습니다. 하나님께서 우리 민족에게 허락하신 최고의 저력이 나타난 것입니다. 100만 명의 자원 봉사자의 감동 속에 세계선교의 미래를 예측하며 행복한 꿈을 꾸게 됩니다. 2030년까지 100만 명의 자국인 선교사 얼마든지 가능합니다. "성도들의 가슴마다! 교회의 기도마다! 자국인 선교사 100만 명을 주옵소서"입니다.

하나만 되면 자국인 선교사 100만 명의 영향력은 대단합니다. 마지막 시대에 세계 복음화의 꿈이 현실화되는 것입니다. 한국 백정해방운동의 선구자 사무엘 F. 무어 선교사의 사역에서 자국인 선교의 가능성을 가늠해 봅니다. 그는 한국교회사에서 그렇게 잘 알려진 인물이 아닙니다. 1892년 한국에 온 이래 14년간 복음을 전하다가 46세에 순직하였습니다.

기록에 의하면 그의 언어 수업은 특이했습니다. 한국에 도착하자마자 선교사 공동체에 들어가지 않고 조선인 마을에 들어가 살면서 언어를 습득하고 6개월 만에 한국어로 기도하고 전도할 수 있게 된 것입니다. 통계에 의하면 당시에 파송된 모든 선교사 중 교회 개척수와 전도한 숫자가 최고였습니다. 북장로교 선교사가 세운 예배 처소 중 70%였으며 세례 교인 수는 30%, 총 교인수와 헌금 총액도 10%였다고 합니다. 성경을 잔뜩 짊어지고 다니면서 한글로 된 책을 큰 소리로 읽어대면 사람들이 신기해서 몰려듭니다. 그는 원색복음을 전합니다. 한국인들이 믿는 종교는 우상이고 마귀 숭배라고 가르쳐 주었습니다.

특별히 무어 선교사는 1894년 백정자녀 6명으로 주간학교를 시작하였습니다. 무어의 전도활동 중 최고의 결실은 1894년 백정 박가(朴哥)가 그리스도인이 된 것입니다. 박가가 장티푸스에 걸려 죽음 직전에 이르렀을 때 무어 선교사가 당시 고종 황제의 시의사인 애비슨(O.R.Avison)에게 부탁하여 집까지 찾아와 치료해준 일이 고맙고 놀라워 기꺼이 복음을 받아들인 것입니다. 무어 선교사가 처음 개척한 곤당골교회(현 승동교회)에 출석하여 1년 후에 세례를 받고 17년 후인 1911년에는 한국 최초 백정출신 장로가 되었습니다. 이 박가가 바로 승동교회 초대 장로가 된 박성춘(朴成春)입니다. 그는 무어 선교사와 함께 백정해방을 위하여 조정에 탄원서를 내어 500년간 천민 취급을 받아온 설움을 씻을 수 있었고 1898년 독립협회에 윤치호가 회장, 이상재가 부회장일 때 66명의 대표 위원 중 한 사람으로 선출되었습니다. 1900년에 백정수가 40만 명이었는데 1920년대에는 3만 명뿐이었고, 특히 그들은 신분 상승을 위하여 자녀 교육에 전심전력하였습니다. 1920년에는 백정 자녀 가운데 40%가 학교에 다녔는데 이것은 일반 백성 자녀들의 5%가 학교에 다닌 것과 좋은 대조를 이룹니다. 특별히 그의 아들 봉출이는 곤당골교회에 나간 이후 "상서로운 태양이 되라"는 뜻에서 박서양(朴瑞陽)이라는 이름을 무어 선교사로부터 받게 되었습니다. 박서양은 세브란스 의학 전문학교를 1회로 졸업하고 한국 최초의 외과의사와 교수로 봉직하였으며 그의 누이동생도 음악가로 홍난파와 같은 음악가를 배출하였다고 합니다.

그렇습니다. 무어 선교사뿐 아니라 자랑스러운 한국 초대 선교의 역사는 자국인 선교의 열매였음을 증명하고 있습니다. 이제 한국교회 선교는 자국인 선교로 방향을 전환해야 합니다. 그리고 모든 교회가 세계선교에 동참할 수 있는 길이라는 것을 보여줘야 합니다.

2008년 새해에 한 통의 전화를 받고, 모든 교회가 자국인 선교에 동참할 수 있다는 가능성을 보았습니다. 시골의 3명 모이는 작은 교회가 인도의 열방신학을 사역하는 한국 선교사에게 5만 원을 후원하며 기도하겠다는 기쁜 소식이었습니다.

"2030년까지 100만 명의 자국인 선교사를 주옵소서."
생각만 해도 가슴이 뛰고 구름 위를 나는 것 같습니다.

교회는 선교하므로 존재한다

입춘(立春)이 지나고 민족의 대명절인 '설'이 지났습니다. 이제 조금만 기다리면 먼 산에 생명의 새순이 움트는 부활의 새날이 올 것입니다.

이제 한국교회는 파송선교사 18,000명 시대를 맞이하였습니다. 특별히 기쁜 일은 선지학교에 문을 두드리는 신입생의 60%가 선교단체 출신이라는 것입니다. 낭보가 아닐 수 없습니다. 이런 젊은이들이 담임목사가 되었을 때 교회는 건강한 교회가 될 것이라고 확신합니다. 에밀 부른너의 말처럼 "불이 탐으로 존재하듯 교회는 선교하므로 존재한다."는 사명감으로 가득 찬 젊은이들이기 때문입니다.

그러나 한편으로는 걱정이 태산입니다. 세계선교는 친구 따라 강남 가듯 얼떨결에 하는 것이 아니고, 평생 목회하고 40일 금식기도를 해도 선교의 눈이 열리지 않으면 소경일 수밖에 없기 때문입니다. 선교단체에 소속한 젊은이들의 특징은 교회론이 약하다는 것입니다. 물론 세상을 위한 선교의 사명을 망각한 교회의 책임이 가장 크지만 선교사 파송 18,000명의 선교한국의 현실이 너무나 가슴 아픕니다.

4,000년 전 아브라함처럼 본토 친척 아비집을 떠난 선교사들이 헌신하는 선교지를 1주일이라는 짧은 기간 여행하듯 둘러보는 것이 아니라 3개월이라도 살면서 헌신한다면 한국선교 평점은 오르지 않겠습니까? 한국에서 목회하든지, 선교지에서 선교하든지 100%일 수는 없겠지만 세월이 지나면 하나님이 인정하시고 열매를 주십니다. 이런 헌신은 한국교회에서도 인정받고 높여질 것입니다. 그리고 선교지 교회에서도 결코 잊을 수 없는 작은 예수로 역사에 남는 바울 선교사가 될 것입니다.

그러나 오늘의 한국선교 현실은 암담하기만 합니다. 예를 들면 지난 해 여름을 가슴 졸이게 하였던 아프간 인질 사태의 아픔을 기억합니다. 아프간의 법과 문화를 모르고 선교하는 것은 대지 없이 공중에 씨앗을 날리는 것과 같기 때문입니다.

〈젠다 바아드 탈레반(탈레반 만세)〉

모든 시민은 하루에 다섯 차례 기도. 다른 일을 하다가 적발되면 곤장. / 남자들은 적어도 턱 밑으로 주먹만한 길이로 수염을 길러야 한다. 아니면 곤장. / 사내아이는 터번을 두르고 이슬람 옷을 입는다. / 노래 금지. / 춤 금지. / 카드놀이 장기놀이 연날리기 금지. / 책 쓰고 영화 보고 그림그리기 금지. / 잉꼬 새를 기르면 곤장. 새는 죽인다. / 도둑질하면 손목 자르고, 재범일 경우 발을 자른다. / 이슬람교도가 아니면 이슬람교도들이 모이는 곳에서 기도하지 말아야 한다. 그렇지 않으면 곤장 맞고 감옥. / 이슬람교도를 개종시키면 처형. / 여자는 항상 집에 있어야 한다. / 여자는 외출할 때는 남자(친척) 대동. 거리에서 혼자 다니면 곤장. / 여자는 밖에 나올 때는 부르카를 입는다. 어떤 상황에서도 얼굴을 보이지 않는다. 곤장. / 여자는 화장품 사용금지, 곤장. / 여자는 장신구 금지, 곤장. / 여자는 멋있는 옷 입지 않는다. 곤장. / 여자는 상대방이 말을 걸지 않으면 말하지 않는다. 곤장. / 여자는 남자들과 눈을 마주치지 않는다. 곤장. / 여자는 공공장소에서 웃지 않는다. 곤장 / 여자는 손톱 치장하지 않는다. 적발되면 손가락 하나 자른다. / 여자는 학교에 다닐 수 없다.(여학교는 제외) / 간통하다 적발되면 돌로 쳐 죽인다. - 「천 개의 찬란한 태양(할레드 호세이니 지음)」 중에서

얼마 전에 「공부하다 죽어라」는 책을 읽었습니다. 불교에서도 좋은 점은 배워야 한다는 생각이 들었습니다. 전 세계에 흩어진 포교사들을 통하여 승려가 된 분들의 설법을 녹취한 글입니다. 그들의 학력이나 사람 됨됨이도 대단하지만 무엇보다 중요한 것은 그 사람들이 끼치는 영향력입니다. 모슬렘이나 힌두교도들의 포교력도 대단하지만 이제 불교의 세력 역시 만만하지 않습니다. 3세기경 대 인도제국을 다스렸던 아소카 왕은 불교도가 된 이후 전쟁을 중단하였습니다. 인류 역사상 개종한 뒤에 전쟁을 중단한 왕은 아무도 없었습니다. 전쟁에 이기는 상황에서 전쟁을 중지한 것은 불교의 영향 때문이었습니다. 전쟁의 나팔소리 대신 붓다의 가르침을 온 세계에 알리기 위함이었습니다. 그는 불교도가 되었지만 국민에게 개종하기를 결코 강요하지 않았습니다. 그 대신 종교 간에 마주보며 관용을 베풀라고 조언하였습니다.

"모든 사람이 자신이 믿는 한 가지 종교만 존중해서는 안 되며 다른 종교에도 도움을 줄 수 있어야 한다. 만일 이와 반대로 행한다면 무덤을 파서 자신의 종교를 파묻는 것이 되는 것이다. 그러므로 화합이 좋다. 모두가 다른 종교인들이 전하는 가르침에도 기꺼이 마음을 먹고 귀 기울여 들어야 한다."

그렇습니다.

이제는 아무나 선교사로 떠나서는 안 됩니다.

이제는 준비 없이 선교사로 떠나서는 안 됩니다.

이제는 아무나 선교사로 보내서는 안 됩니다.

이제는 준비 없이 선교사로 보내서는 안 됩니다.

곧 새봄의 봄바람과 함께 오는 부활을 기다리면서 한국선교 새 출발의 원년이 되기를 기도합니다.

"2030년까지 100만 명의 자국인 선교사를 주옵소서."

생각만 해도 가슴이 뛰고 구름 위를 나는 것 같습니다.

선교에 미친 사람들

　국보1호 숭례문이 불타 버리는 아픔을 겪으며 디테일 하지 못한 엉성함을 자책합니다. 새 정부가 시작되었습니다. 짧은 대한민국의 역사에 세 번째 장로 대통령이 탄생했습니다. 장관내정자들의 청문과정과 낙마(落馬)를 지켜보며 여러 가지 생각을 해 봅니다. 어찌하겠습니까? 배고픔을 딛고 번영을 향하여 숨차게 달려온 지난날을 생각하면 누가 누구에게 돌을 던지겠습니까? 모두가 한 몸이요, 지체이고 대한민국은 우리 모두의 '나'이기 때문입니다. 이제 언 땅은 녹고 생명의 파란 싹은 나오기 마련입니다. 눈 덮인 산들도 생명이 약동하는 푸른 산으로 새 옷을 입을 것입니다. 우수, 경칩 그리고 춘분이 지나면 온 우주를 생명으로 인도하신 예수 그리스도의 부활의 날을 맞이합니다.

　한국교회는 "영혼구원" 사명으로 다시 태어나야 합니다. 세상의 여론에게 밟히지도 말아야 합니다. 조지갤럽조사에서는 미국 국민의 절반이 교회에 참석하지만 그 중 '영적으로 아주 헌신된 자'로 분류할 수 있는 사람은 6~10%에 불과하다고 합니다. 한국의 4,800만 인구 중 15%가 개신교인이라는데, 한국교회에서 '영적으로 아주 헌신된 자'는 몇 퍼센트이겠습니까? 5만 명 목회자가 다시 태어나야 합니다. 18,000명 선교사가 다시 태어나야 합니다. 어떻게 태어나야 할까요? 2천 년 전 그들처럼 태어나야 합니다. 사도행전 1장 8절의 말씀이 교회의 사명이 되어야 합니다. 왜 사느냐고 묻는다면 나의 주님이신 예수 그리스도의 지상명령(마 28:18~20)으로 살아 최고로 행복하다고 고백해야 합니다.

로마제국이 세계를 호령하며 부귀와 영화를 누리던 시대의 일입니다. '베스비우스'라는 산 중턱에는 2,000여 명의 사람들이 모여 살고 있었습니다. 당시 그들은 술 취하고 성적으로 음란하고 부도덕한 삶을 살고 있었는데 AD.63년 어느 날 한 노인이 나타나 베스비우스 산에 모여 사는 사람들에게 이렇게 소리쳤습니다. "베스비우스 화산이 머지않아 폭발할 것이오. 당신들에게 살 길은 두 가지인데 하나는 하나님께 회개하고 새로운 삶을 사는 것이며 또 다른 방법은 이곳을 버리고 이사를 가는 것이오!" 이 노인은 마을을 돌아다니며 간절히 호소했지만 아무도 이 노인의 말을 믿지 않고 오히려 미치광이의 망언처럼 흘려들었습니다. 시간이 흘러 16년이 지났습니다. 베스비우스 산에 모여 살던 그들은 여전히 쾌락과 음란함을 일삼았고 16년 전 간절히 외쳤던 노인의 이야기는 아무도 기억하고 있지 못했습니다. 하지만 주후 79년 8월 24일 베스비우스 화산은 폭발하였고 산에 모여 살던 2,000명의 사람들 중 생존자는 단 한 명도 없이 모두 몰사하고 말았습니다.

왜 태안반도의 기름유출 때문에 고통을 당해야만 할까요? 왜 숭례문이 불타 버리는 아픔을 당해야만 할까요?

환경을 보호하고 생태계를 사랑하는 데 미친(?) 사람이 몇 사람쯤은 있어야 했습니다. 문화재를 보호하고 사랑하는 데 미친(?) 사람이 몇 사람쯤

'세계선교' 어떻게 할 것인가?

은 있어야 했습니다. 그런 한 사람만 있어도, 책임 있는 자리에 그런 한 사람만 앉아 있어도 수치스러운 재앙은 건너뛰어 사라졌을 것입니다. 뼛속에 핏속에 영혼 속에 '사랑하는 사람'이 있었으면 수치스럽고 어리석은 역사는 반복되지 않았을 것입니다.

세계선교 역시 마찬가지입니다. 한국 최초의 장로교 선교사인 언더우드 목사는 처음 교회 모습을 다음과 같이 기록하였습니다.

"1890년 봄 소래교회를 방문하였을 때 이 마을에 사는 그리스도인들이 나를 기다리고 있었습니다. 그들은 자신들의 일의 과정을 설명하고 예배당의 필요성을 말하면서 선교부에서의 후원 여부를 질문하였습니다. 이것이 다른 지역에서도 관계가 되면 안 되기에 나는 '왜 안 됩니까? 당신들은 당신 자신의 예배당을 지을 수 있습니다.'고 대답하였습니다. 그들은 자신들의 어려운 형편을 이야기하였으나 나는 '당신들에게는 여러분이 사용하기 원한다면 나무 돌 짚 등의 건축 재료가 있습니다. 여러분의 예배당을 건축한다면 나는 나무를 자르고 기둥을 세우는 일을 기쁘게 돕겠습니다.'라고 하였습니다."

그렇습니다. 초기 한국교회 선교는 네비우스의 삼자원칙(三自原則) 즉 자전(自傳, self-propagation) 자치(自治, self-government) 자급(自給, self-support) 방법과 전략이었습니다. 선교부가 재정적으로 지원한 것은 20분의 1도 되지 못하였습니다. 20대의 젊은 선교사들은 천국과 같은 피선교지(미국, 영국, 캐나다, 호주)에서 지옥과 같은 조선 땅에 내려온 것입니다. "짐승보다 조금 낫고 사람보다 못한 사람"들이 사는 불쌍한 나라에 본토 친척 아비집을 떠나 순종해서 온 것입니다. "서쪽을 보고 있으면 해 뜨는 것을 볼 수 없다"는 일본격언이 있습니다.

이제 우리 차례입니다. 나의 순서입니다. 가든지 보내든지 해야 합니다. 우리 모두 예수에 미친 사람들이 되어야 합니다. 선교에 미친 사람들이 되어야 합니다. 베풀어 주신 은혜에 미친 사람들이 되어야 합니다. 21세기 바울이 되어야 합니다. 그런 의미에서 자국인 선교사였던 바울은 한곳에 머물지 않았습니다. 에베소교회의 사역이 3년으로 최장기입니다. 그리고 떠나는 것입니다. 자국인 선교의 조상이 된 것입니다. 예수님 선교사처럼 선교하신 것입니다. 예수님은 120명의 자국인 선교사를 다락방교회에 낳으시고 승천하신 것입니다.

"2030년까지 100만 명의 자국인 선교사를 주옵소서."
생각만 해도 가슴이 뛰고 구름 위를 나는 것 같습니다.

'세계선교' 어떻게 할 것인가?

그리스도를 모신 모든 마음은 곧 선교사

"그리스도가 없는 모든 마음은 선교지이며 그리스도를 모신 모든 마음은 곧 선교사이다."라는 말이 있습니다. 참으로 감동되는 말입니다. 그러나 잘못 이해하게 될 때 타문화권 선교에 대하여는 평생 알지도 못할 뿐 아니라 단순하고도 깨끗한 영혼에 부어 주신 기쁨을 얻고 살기로 결심한 양떼들의 가슴에 대못을 박고 눈물 흘리게 하는 지도자가 될 수 있습니다. 그 책임을 누가 감당하며 그 죄(?)는 어떻게 용서 받을 것입니까? 부활하신 주님의 지상명령(마 28:10~20)을 오직 내가 섬기는 교회의 빈자리 채우는 전도로만 해석한다면 참으로 안타까운 일입니다.

그러나 낙심할 일은 아닙니다. 성령 충만하였던 초대교회도 사마리아와 땅끝까지에 대한 선교 비전은 전무했기 때문입니다. 스데반 집사의 순교 때문에 할 수 없이 흩어진 자들을 통하여 '타문화권 선교의 문은 열리게' 된 것입니다. 교회 역사를 보면 언제든지 쓰임 받기에 합당한 창조적 소수를 세우시고 썩어진 밀알과 숨겨진 누룩이 되어 세계선교의 위대한 일을 감당케 하시는 것입니다. "오직 성령이 임하시면(행 1:8)이 해답인 것입니다."

그러나 타문화권 선교는 현실적으로 만만하거나 그리 쉬운 일이 아닙니다. 주님을 위해 헌신하고자 결단한 사람이라면 누구나 한번쯤은 선교사가 되겠다는 생각을 했을 것입니다. 그러나 선교는 열정만으로 되는 것이 아닙니다. 제대로 준비되지 않은 채 선교지로 떠났으나 결국은 좌절감에 빠져 패잔병처럼 돌아와 죄책감 속에서 무력감을 가지고 사는 사람들이 한두 사람이겠습니까? 아차 잘못하면 자기 합리화에 빠져 선교를 가로막고 장애물이나 방해꾼으로 산다면 큰일입니다.

사실 선교사들이 선교지의 언어를 배우고 선교지의 사람들과 하나가 되려고 애쓰지만 실제로는 많은 선교사들이 자신들의 선교사집단 안에서 안식처를 찾고 있습니다. 서구 선교사들 역시 복음을 전파할 때 그들 자신들은 다른 문화적 제국주의가 행해진다는 사실을 몰랐지만 현지인들은 그들에게서 풍기는 경제적, 문화적 우월주의를 느낄 수밖에 없었습니다.

우리가 모든 족속으로 제자를 삼으라는 그리스도의 지상명령에 순종하기를 원한다면 피선교지의 문화를 알고 문화 속에 젖어 동일시하는 삶을 살아야 합니다. 문화는 하나님의 아이디어입니다. 창세기 11장을 보면 하나님께서는 사람들을 온 땅에 흩으셨습니다. 각 나라들과 족속과 부족 그리고 가족으로 이루어지고 있습니다. 각 족속들은 자기의 영토를 차지하고 각기 고유 언어를 사용합니다. 하나님이 하신 일입니다. 이는 사람들로 하나님을 더듬어 찾아 발견케 하시려는 하나님의 뜻입니다. 그러므로 타문화권 선교사는 자기 문화와 다른 문화권으로 가서 선교하는 일꾼입니다. 문화는 복음전파의 장벽이 아니고 통로인 것입니다.

그러나 현실은 홍해와 여리고 성과 같습니다. 미전도 종족인 이슬람권 선교를 생각해 봅니다. 한국 선교사가 현지에 파송된 후 언어를 정복하고 문화를 정복하는 데 몇 년이면 되겠습니까? 현실적으로 그들에게 복음을 전파하고 교회를 개척하여 제자를 삼는 일을 위하여 얼마를 투자해야 열매를 볼 수 있겠습니까?

그곳에 사는 것 자체가 선교라고 해석한다면 할 말이 없습니다. 그러나 예수님도 바울도 선교사로서 흔적 없이 살다가 가신 것이 아닙니다. 그렇다면 21세기 한국선교는 어떻게 해야 하겠습니까?

이제 선교도 '경영'에 대하여 눈이 열려야 합니다. 최고의 경영선교는 자국인 선교(Native mission)입니다. 예를 들어 보겠습니다.

살인 누명으로 15년 옥살이 하신 자국인 선교사가 있습니다. 남원 충절교회 정원섭 목사(74세)입니다. 1954년 한신대에 들어간 정 목사는 자비량 목회를 강조하는 교수의 말에 감동받아 사진관을 운영하면서 농촌계몽운동을 지원하고 야당 지도자 김대중을 도우다 감옥에 들어갔습니다(1972년). 죄목은 어린이 유괴강간 살해범입니다. 고문에 의한 누명이었습니다. 1987년 12월 그는 15년 2개월 7일 만에 모범수로 가석방되었습니다. 그가 담 안에서 가르친 수감자 중 3명이 목사가 되었습니다. 지금은 폐교를 빌려 무의탁노인과 정신지체 장애인들의 쉼터를 마련하였습니다. 이제 충절교회는 불가촉천민들이 세운 인도의 달릿교회까지 돕는 넉넉한 교회가 되었습니다. 얼마 전엔 모교 한신대에 녹용 1억 원어치를 기증하였습니다. (국민일보 2008.3.22)

얼마나 아름다운 자국인 선교의 모델입니까? 한 가지 예를 더 들겠습니다. 저의 딸이 조금 늦게 목사 사모가 되었습니다. 일가족이 5년을 약속하고 캐나다에 갔습니다. 공부하는 남편을 돕기 위해 직장에 다닙니다. 홈페이지에 올린 글입니다.

"회사 저희 부서에 이란, 인도, 이탈리아, 아르헨티나 사람들과 함께 일하고 있어요. 그들과의 생활에서 영어보다 더 어려운 게 문화적, 종교적 차이였어요. 그들은 힌두교, 독실한 이슬람교, 천주교, 무교 등 아빠의 피 맺힌 세계선교의 부르짖음을 생각하게 하는 사람들이예요. 제가 지금은 할 수 있는 일이 없어 다만 그들을 위해서 기도하고 있어요."(2007.11.1)

"비슷한 시기에 와서 서로 다른 문화로 인해 오해도 많았지만 이제 이 곳에서의 첫 친구가 된 sorry 나의 이란 친구 그리고 그녀의 딸 생일 파티에서…"(2008.3.21)

그렇습니다. 구원받은 감격을 체험한 성도라면! 부활하신 주님을 만난 고백이 있는 성도라면! 모두가 할 수 있고 행복한 최고의 일이 자국인 선교사의 삶을 사는 것입니다.

"2030년까지 100만 명의 자국인 선교사를 주옵소서."
생각만 해도 가슴이 뛰고 구름 위를 나는 것 같습니다.

2030년까지 한국교회는 100만 명의 선교사를 파송할 수 있습니다.

사명을 가지고 파송하는 일에 집중하여야 합니다.

I(나)가 아니라 N(자국인 선교사 : Native Missionary)입니다.

한국에서 보내는 한국인 선교사 파송이 아닙니다.

선교현장(한국 포함)에서 자국인 선교사를 파송하는 것입니다.

성령의 역사하심

봄인가 했더니 참으로 빠른 세월입니다. 여름이 달려오고 있습니다. 나이 60이 되면 해마다 늙는다 합니다. 나이 70이 되면 달마다 늙는다 합니다. 나이 80이 되면 날마다 늙는다고 합니다. 암이나 불치병 없이 교통사고 등 큰 사고 없으면 90세는 살고 가는 세상이 되었습니다. 그러나 창세기 5장에 나오는 그 옛날 족장들과 비교하면 눈 깜짝할 경점에 불과할 뿐입니다. 그 후에는 심판이 있습니다. 천국 문고리 잡고 우리 예수님 빛날 얼굴 뵐 때에 부끄러운 모습으로 선다면 오래 산들 무슨 기쁨이 있겠습니까? 올 때는 순서 있게 왔으나 갈 때는 순서가 있을 리 없는 게 인생입니다. 익은 감도 떨어지고 땡감도 떨어지듯 생명의 주인 되신 하늘에 계신 하나님이 부르시면 30분도 연장할 수 없는 것이 인생입니다. 그 후에는 심판이 있습니다.

지구의 종말과 심판은 어떠합니까? 세상만사 이치를 곰곰이 생각해 보면 그날이 멀지 않은 것 같습니다. 차원 높은 과학자나 철학자가 아닐지라도 세상 돌아가는 모습을 보면 말세 중에서도 끝자락인 것 같습니다.

마지막 시대를 사는 모든 교회와 성도들은 '세계 복음화'에 올인해야 합니다. 교회에 사람이 많이 모인다고 큰 교회가 아닙니다. 엄청난 규모의 성전을 건축한다고 큰 교회가 되는 것이 아닙니다. 아차하면 바벨탑이 될 수 있습니다. 하나님 말씀에 순종하는 교회가 큰 교회입니다. 하나님 말씀에 순종하는 목사와 성도들이 많은 교회가 큰 교회입니다.

성경 66권 말씀 중 최고의 명령은 부활하신 우리 예수님이 마지막 주신 지상명령입니다. 마태복음 28:18~20 말씀은 군대용어입니다. 순종하고 복종하여야 합니다. 전시에 치열한 전쟁터에서 명령에 불순종하면 무서운 벌이 내립니다. 주님의 음성에 귀를 기울여야 합니다.

그렇습니다. 지상명령인 세계선교의 핵심은 제자를 삼는 것입니다. 선교사가 주인이 아니라 토착 지도자를 양성하여 그들의 교회를 세우게 하는 것입니다. 로마교회는 토착 지도자를 양성하는 데 최선을 다하였습니다. 이로 인하여 피선교교회는 지도자가 있어서 선교하는 교회가 되는 데 어려움이 없었습니다.

기독교 2천 년 선교 역사 속에서도 현지 지도자를 배출하지 않는 선교는 한 세대로 사역이 마감되고 맙니다. 그러나 선교사가 단계에 따라 지도자훈련을 실시하고 빠른 시일 내에 선교사 사역 업무를 현지 지도자에게 위임하고 협력 선교로 모든 것을 내려놓는 '선교사의 안락사'가 이루어질 때 토착교회는 자립정신을 가지고 건전하게 성장하는 것입니다. 로마교회의 영국선교는 신학교를 세우고 현지토착 지도자를 세우는 데 성공하였으므로 교회가 선교지 토양에 뿌리를 내리는 데 어려움이 없었습니다. 중국에서 오랫동안 선교사로 활동했던 롤런드 앨런은 현지 지도자를 세우는 데 6개월이면 충분하다고 주장하였습니다. 그는 특히 사도 바울의 선교사역에서 지도자 양성에 어느 정도의 기간이 소요됐는가를 조사한 것입니다.

한국교회 선교 역사에서도 초기 선교사들은 지도자를 세우는 일에 세심하게 배려하고 노력하였습니다. 고등 성경학습반을 조직해서 특별교육을 실시하고 여러 단계를 거쳐서 지도자를 양성한 것입니다. 특별히 지도자 양성에 눈을 뜬 감리교회의 아펜젤러는 배재학당에서 이 민족의 미래를 내다보았습니다. 1893년에 신학교육을 시작하였고 권사반과 속장반도 개설하였습니다. 언더우드의 장로교회 역시 TEE(신학연장교육) 형태의 신학교를 세운 것은 1903년이며 1907년에 최초 7명의 목사를 배출하였습니다.

나는 필리핀 선교지에서 안타까운 모교단의 모습을 볼 수 있었습니다. 100년이 넘는 선교 역사를 자랑하지만 아직도 미국의 맘모스 교단의 영향에서 독립하지 못하는 안타까운 모습입니다. 교단 수장을 뽑는 선거 때가 되면 너도나도 독립하겠다고 목소리를 높이지만 막상 당선이 되고 휘황찬란한 지도자의 가운을 입으면 선거공약(公約)은 공약(空約)이 되고 맙니다.

왜일까요? 미국에서 보내는 선교비, 달러($) 때문입니다. 참으로 안타까운 모습을 보았습니다. 한국교회가 언제까지 필리핀교회를 위하여 예배당과 학교를 건축하는 선교를 계속하여야 하겠습니까? 오늘 필리핀교회는 한국교회보다 더 뜨거운 영성의 젊은이들이 교회마다 넘치고 있습니다. 도시나 시골이나 교회가 넘쳐나고 있습니다. 단지 가난할 뿐입니다. 언제까지 한국교회는 자국인 선교를 외면하고 물질과 건물로 하는 선교 역사를 계속할 것입니까?

참으로 안타깝기만 합니다. 기독교 복음화율이 20%가 넘는 나라에 오직 가난하다는 것 때문에 선교를 지속한다면 빨리 재정비하고 새 출발하

160

숨겨진 보화 Ⅲ

여야 합니다. 만일 우리나라에 그처럼 많은 선교사를 파송하는 나라와 교회가 있다면 6만 한국교회의 비웃음거리가 되고 말 것입니다. 며칠 전 사무실을 방문한 동기 목사의 선교간증이 가슴을 뜨겁게 하였습니다. 1997년에 시작한 자국인 선교 사역이 풍성한 열매로 되돌아왔습니다. 5개 신학교에 300여 명의 선지생도가 공부하고 있습니다. 졸업생들이 154개 처의 교회를 개척하였습니다. 1,000명이 넘는 교회가 많다는 것입니다. 예수에 미친 사람, 선교에 미친 한 사람이 섬기는 교회가 자랑스럽기만 합니다. 21세기 중국선교의 비밀입니다. 하나님의 역사입니다.

근대 선교의 아버지인 윌리엄 케리가 평생 싸웠던 거대한 전쟁터가 인도입니다. 악마의 문화인 카스트제도 때문에 아직도 불가촉천민(不可觸賤民, untouchable; 힌디어:달리트)은 1억 6,000만 명(인구의 17%)이나 됩니다. 그들은 힌두교 관습에 따라 학교에 가서도 안 됩니다. 그들은 화장실 청소 같은 일밖에 하지 못합니다. 그들은 끔찍한 빈민촌이나 도시의 도로변에서 굶어 죽지 않기만을 바라며 짧고도 참혹한 인생을 살아갑니다. 그러나 인도교회는 가장 빠르게 성장하고 있다는 기쁜 소식입니다. 매일 수천 명의 인도인이 예수님을 영접합니다.

인도교회 성장에 관해 연구하는 J.N 마노카란 박사가 조사한 바에 의하면 인도에는 6천만 명의 그리스도인들이 있고 40만 개의 교회와 가정교회가 존재합니다. 30만 명의 목사, 선교사와 전도사들이 풍성한 열매를 맺고 인도를 제자화하기 위하여 땀방울을 흘리고 있는 것입니다. 인도인 목사들이 매해 5만 개의 교회를 개척하고 있다 합니다. 국내 선교사까지 포함하면 인도가 세계에서 두 번째로 선교사를 많이 보내는 나라라고 말하는 사람들도 있습니다.

그렇습니다. 선교는 사람의 일이 아니라 "성령"의 역사하심입니다. 이제 보내는 교회와 선교사들이 선교양심을 회복할 때입니다. 우리 모두 종말의 날을 맞이할 때가 멀지 않기 때문입니다. 다양한 선교사역 속에서 한 점 부끄러움이 없는 사역은 자국인 선교입니다.

"2030년까지 100만 명의 자국인 선교사를 주옵소서."

생각만 해도 가슴이 뛰고 구름 위를 나는 것 같습니다.

하나님의 사람

세계선교에 눈 뜬 지 25년이 흘렀습니다. 오늘의 한국교회 선교 현실을 볼 때에 한편으로는 감격과 감사로 희망의 무지개를 그리고 있습니다. 그러나 또 한편으로 '열매 없는 무화과처럼 되지 않을까?' 생각하며 두려운 마음을 달래면서 이 글을 씁니다.

1988년 시카고 휘튼 대학에서 열린 제1회 한인세계선교대회 보고서에 의하면 한국교회 세계선교는 숫자적으로 세계 55위였습니다. 1위는 뉴질랜드, 2위는 캐나다, 3위는 미국이었습니다. 당시 세계에서 제일 큰 장로교회와 감리교회, 성결교회, 하나님의성회교회, 구세군교회가 서울에 있었고 세계 대형교회 50교회 중 25교회가 한국에 있는데 세계선교 55위라니…. 하나님 앞에서는 물론이거니와 세계교회 앞에서도 체면이 말이 아니었습니다. 한인세계대회는 4년마다 시카고 휘튼대학 빌리그래함센터에서 열리는 한국교회 선교 올림픽과 같습니다. 2008년 7월 28일부터 8월 1일까지 제6회 한인세계선교대회가 열릴 것입니다. 20년 만에 세계선교사 파송 숫자로는 제2위가 되었습니다. 전 세계 24,000종족과 250여 나라 중

열강의 틈바귀 속에 동족끼리 싸우는 작은 나라에서 기적이 일어난 것입니다. 19세기 영국교회를 일으켜 세계선교를 위하여 쓰셨던 하나님의 선교전략은 여전히 작은 자를 들어서 크다고 하는 자들을 부끄럽게 하십니다.

"그 작은 자가 1,000명을 이루겠고 그 약한 자가 강국을 이룰 것이라. 때가 되면 나 여호와가 속히 이루리라(사 60:22)."

그렇습니다. 한국교회는 반드시 세계선교를 위한 조선(朝鮮, Chosun)으로 쓰임 받아야 합니다. 하나님이 주신 축복의 기회를 빼앗기거나 잃지 말아야 합니다. 만일 촛대를 옮기신다면 보통문제가 아닙니다. 큰일입니다. 그러나 오늘의 한국교회 선교 모습을 MRI나 CT로 인체(人體)를 촬영하듯 검사한다면 결과는 어떠할까요? 농어촌교회도 도시교회도 선교의 열풍이 불고 있습니다. 대교회나 중소교회, 개척교회 할 것 없이 선교의 용트림이 한국교회를 진동하고 있습니다. 너도 선교, 나도 선교, 할 수만 있으면 선교사 되기 위하여 본토, 친척, 아비집을 떠나 21세기 아브라함이 되기 위하여 헌신을 다짐하고 있습니다. 이렇게 너도 선교, 나도 선교 하다 보니 선교의 홍수 속에 아차하면 장마철에 마실 물 귀하듯 그처럼 아름답고도 자랑스러운 선교가 위험수위에 도달하지 않았나 하는 염려가 기도제목이 됩니다. 그렇다면 한국선교의 최고 걸림돌이 무엇이겠습니까? 황금만능주의 선교입니다. 돈으로 선교하는 것입니다. 돈이 필요 없다는 말은 아닙니다. 한국교회 최고의 성자이신 한경직 목사도 선교에서 첫째도 돈이요, 둘째도 돈이요, 셋째도 돈이라 하셨습니다. 선교의 사령관 되시는 예수님께서도 38개의 비유 말씀 중 16개가 돈에 대한 말씀이셨으며 성경에도 믿음과 기도에 대한 말씀은 500구절이지만 돈에 대한 말씀은 7배나 더 풍성하게 기록되어 있습니다. 하나님은 돈뿐만 아니라, 우리가 가진 모든 것들의 주인이시고 공급자이심을 말씀하고 계십니다. 그러므로 하나님은 우리가 받은 것들을 잘 지키는 청지기가 되기를 원하시는 것입니다. (마 25:14~30, 눅 19:12~26, 고전 10:31, 골 3:17)

물론 한국교회가 넘치는 물질로 더 많은 선교사를 파송하고 더 많은 세계의 곳곳에 예배당을 건축할 수 있습니다. 멋있고 감동적인 선교 보고서를 만들 수도 있습니다. 그러나 만일 그것이 한국선교의 모델이라면 모래 위에 집을 짓는 선교가 될 것입니다. 한국선교는 속히 선교의 방향전환이 필요합니다. 예수님의 방법으로 제자 삼기에 매진하여야 합니다. 우리는 예수님이 보여 주신 모범을 따라 사람들을 제자로 삼아야 합니다. 예수님은 제자들 앞에서 행동하셨고 직접 행동할 기회를 주셨고 그들이 예수님의 행동을 따라 할 때 옆에서 조언해 주셨습니다. 그리고 제자들이 혼자서 사역하도록 파송하셨습니다. 그리고 사역을 마치고 예수님께 돌아와 결과를 보고하도록 하셨습니다. (눅 10장)

만일 한국교회에서 파송한 18,000여 명의 선교사에게 몇 명의 선교사를 훈련하여 파송했느냐고 물으신다면 무어라고 보고하겠습니까? 한국의 50,000교회 1,000만 성도들에게 대위임령(마 28:18~20)에 대하여 결과를 물으실 것입니다. 섬기는 지역교회의 빈자리를 채우고 가정과 이웃을 전도하라는 명령이 아닙니다. 세계선교에 대한 엄숙한 명령인 것입니다. 존 웨슬리 목사는 1798년에 10만 명의 훈련된 감리교 신도로 "세계는 나의 교구이다."라고 외치는 제자를 양성하였습니다. 금세기 세계선교의 스승 국제예수전도단의 설립자 로렌 커닝햄은 「열방을 변화시키는 하나님의 책」에 존 웨슬리의 선교역사를 이렇게 설명합니다.

"작은 시작이 큰 결실을 맺다. 웨슬리의 영향력은 영국에만 제한되지 않았다. 웨슬리의 갱신 운동은 유럽 각국과 아메리카 대륙으로 퍼졌다. 웨슬리의 뜻을 따른 사람들은 나라의 기틀을 갖춰가던 미국으로 떠났다. 그들은 그곳에서 설교를 하고 교회를 세웠다. 얼마 지나지 않아 거의 모든 교통의 중심지에 감리교 모임이 생겼다. 그들이 전한 인간의 자유의지와 하나님의 은혜라는 메시지는 미국인의 낙관주의와 소명의식을 낳았다. 웨슬리는 나라를 세우려 했던 개혁의 끝은 보지 못했지만 그의 작은 시작은 수많은 변화의 출발점이 되었다. 소모임에서 성경을 공부하고 그것을 자신의 삶에 적용한 사람들이 없었다면 오늘날의 세계는 지금과 전혀 다른 모습이었을 것이다. 이런 큰 변화는 한 사람이 마음이 뜨거워지는 경험을 한 후 하나님과 하나님의 말씀에 순종하고 하나님의 방법대로 사는 사람들에게 가르쳤기 때문에 가능했다. 하나님은 지금 또다시 이런 일이 일어나기를 원하신다."

그렇습니다. 선교의 하나님은 지금도 여전히 '돈'이 주인이 되어 돈으로만 선교하는 선교가 아니라 오직 성령으로! 오직 말씀으로! 오직 복음으로! 제자를 삼아 통전적 선교로 세상에 영향을 주고 변화시키는 하나님의 사람을 찾으십니다. 그런 의미에서 자국인 선교는 온 세계를 복음으로 정복하는 하나님의 전략이고 기뻐하시는 최고의 방법인 것입니다.

"2030년까지 100만 명의 자국인 선교사를 주옵소서."
생각만 해도 가슴이 뛰고 구름 위를 나는 것 같습니다.

최고의 선교전략, 자국인 선교

　"처음처럼"의 저자 신영복을 떠올립니다. 통일혁명당 사건으로 무기징역을 받아 20년 20일을 복역하고 1988년 8·15 특별가석방으로 출소한 그는 "돈이 민주주의이다"라고 외치는 시대에 "처음처럼"의 글씨와 그림의 원작자로 원작료 1억 원을 현재 교수로 봉직하는 성공회대학교에 전액 장학기금으로 바쳤다지요. 그의 글 한 토막을 소개합니다.

　"높이 나는 새는 몸을 가볍게 합니다. 높이 나는 새는 몸을 가볍게 하기 위하여 많은 것을 버립니다. 심지어 뼈 속까지 비워야 합니다. 무심히 하늘을 나는 새 한 마리가 가르치는 이야기입니다."

　신문 광고의 한 카피가 가슴을 뜨겁게 합니다.

　"파라과이에서 사업가로 재기한 김영석 씨가 국수집 할머니를 생각하며. 사업에 실패했던 15년 전 며칠을 굶주린 나는 어느 국수집에 웅크리듯 자리를 잡고 앉았다. 허기와 공포와 세상에 대한 증오로 가득 찬 두 눈. 목구멍이 데는 줄도 모르고 뜨거운 국수발을 꾸역꾸역 밀어 넣자 말없이 국수와 국물을 채워주던 주인 할머니. 막막한 마음으로 또 한 그릇을 밀어

'세계선교' 어떻게 할 것인가?

넣자마자 나는 냅다 도망치기 시작했다. 그러자 뒤쫓아 나오는 할머니 '그냥 가, 뛰지 마. 다쳐!' 도망치기를 멈추지 못하는 내 두 눈에선 가득 찼던 무언가가 뜨겁게 밀려 나오기 시작했다. 세상에 대한 증오와 허기가 그 한마디로 모두 해결된 듯이… 그리고 내 삶은 바뀌었다. 국수집 할머니는 나에게 혁명가였다."

그렇습니다. 많이 주심으로 많이 받은 자들이 촛불을 향하여 사탄이라고 외치면 큰일입니다. 세례 요한의 독설을 생각해 봅니다.

"독사의 자식들아. 누가 장차 올 진노를 피하라 하였느냐? 먼저 회개에 합당한 열매를 맺으라. 그렇지 않으면 찍혀 불에 던져질 것이다." 세례 요한은 누구에게 던지는 도끼였을까요?

춥고 배고픈 아픔을 외면하고 무시하고 무관심과 냉대로 사는 바벨탑의 주인공인 부자들을 향한 축복의 외침이었습니다.

"그럼 우리가 무엇을 해야 합니까?"

"옷 두 벌 있는 자는 옷 없는 자에게 나눠줄 것이요 먹을 것이 있는 자도 그렇게 할 것이니라(눅 3:11)."

광화문이 일터이고 선교지이기에 계속되는 '촛불집회'의 아픔을 기도 제목으로 살고 있습니다. 촛불집회는 언제까지 계속될 것인가? 교회가 국수집 할머니처럼! 지도자들이 신영복 님처럼! 따뜻하고 아름다운 삶으로 변화되어야 합니다. 잔머리와 큰 입으로 나팔 부는 회개가 가슴 저리는 '감동의 나눔'으로 열매를 맺어야 합니다.

1925년 12월 28일~29일 서울 조선 호텔에서 모토 목사(국제 YMCA 총무)는 한국교회 대표 31명, 선교사 31명과 함께 간담회를 개최하였습니다. 당시 조선예수교 연합공의회 부회장이었던 한석진 목사는 다음과 같이 선교사 모라토리엄(Moratorium)을 선언하였습니다. 천국과 같은 미국을 떠나 지옥과 같은 조선에 온 젊은 피의 엘리트 선교사들에게 대한 외침이라면, 한국교회 선교현장에서 들려오는 오늘의 평가는 어떻게 할 것인가? 가슴이 섬뜩하기만 합니다.

(1) 한국에 파송된 선교사들은 복음전파의 귀중한 사명을 띠고 일하나, 사실은 한국교회에 도움이 되기는커녕 해를 끼치고 있다.

(2) 선교사들의 돈으로 일하고 있으므로 왈가왈부할 것은 못 되나, 참으로 한국교회의 발전을 기대하려면 그들이 모두 세상을 떠나고 새 선교사들이 새 선교 정책으로 일할 수 있는 시간이 된 후에야 할 수 있다.

(3) 한국에는 고유문화와 전통이 있는데 종종 선교사들은 고유문화와 전통을 무시하고 독선적이고 고압적인 자세로 선교함으로써 오히려 역효과와 전도의 방해가 된다.

(4) 선교의 효율적인 성공을 위한다면 선교사가 한 나라에 오래 머물지 말고 그 사역을 원주민에게 맡기고 다른 지역에 가서 새로운 길을 시작하는 것이 좋을 것이다. 선교사들이 평생 한곳에서 자기가 세운 학교와 교회를 사유재산 시 하고 영도권을 행사하려 하니 이것은 참된 복음정신에 위배되고 교회 발전에 도움이 되지 못하고 방해가 될 뿐이다.

(5) 원로 선교사들이 우리나라에 와서 수고를 많이 하여 머리가 희게 되었으니 진심으로 감사드리나 이분들이 우리나라에서 할 일을 다 했으니 본국으로 돌아가시든지 그렇지 않으면 하나님 앞으로 가셔도 좋을 줄 압니다. 이것이 참으로 한국교회를 위한 것입니다.

(6) 한국 선교사의 대부인 마펫 목사에게 "당신도 속히 이 나라를 떠나지 않으면 금후에는 유해무익한 존재가 됩니다. 마 목사는 처음부터 나와 함께 일한 친구요 동지로서 그를 진심으로 사랑하기 때문에 하는 말이니 용서하기 바랍니다."

'세계선교' 어떻게 할 것인가?

방귀가 잦으면 똥이 나오기 마련이고 천둥번개가 잦으면 태풍과 장맛비의 신호임을 알아야 합니다. 하루아침에 남대문이 불타는 것이 아닙니다. 어느 날 갑자기 촛불행진이 시작된 것이 아닙니다. 미국 보험사 간부였던 하인리히의 주장을 "하인리히 법칙"이라고 합니다. 300번의 이상 징후 후에 29회의 가벼운 사고 발생 후 큰일이 터진다는 것입니다.

한국교회의 보냄 받은 18,000명 선교사들은 오지에서 땀과 눈물로 헌신하고 있습니다. 그러나 선교지에서 들려오는 소리는 예사롭지만은 않습니다. 빨리 할수록 좋습니다. 진리는 멀리 있지 아니 합니다. 모든 것을 내려놓는 것입니다. 빛과 소금처럼 섬김의 삶을 사는 것입니다.

그것이 자국인 선교입니다. 세례 요한처럼 자국인 교회와 지도자들이 흥하고 선교사는 쇠하여야 합니다. 빠를수록 효율적이고 복된 사역이 되는 것입니다. 미루고 늦으면 촛불이 켜지고 레드카드(out:아웃)가 나가는 것입니다. 그런 의미에서 자국인 선교전략은 하나님이 기뻐하시는 최고의 방법인 것입니다.

세계 경제가 아무리 어려워도 이방 나라들의 재물이 오게 하실 것입니다(사 60:5). 그리고 21세기 세계선교의 종주국이 되게 하실 것입니다.(사 60:21~22)

"2030년까지 100만 명의 자국인 선교사를 주옵소서."
생각만 해도 가슴이 뛰고 구름 위를 나는 것 같습니다.

모든 선교는 자국인 선교로 통합니다

　많은 교회와 성도들이 오해하는 부분이 있습니다. 지상명령(마 28:18~20)은 특별히 선택받은 교회나 성도들에게만 허락하신 은사나 사명처럼 생각한다는 것입니다. 하기야 성령 충만하였던 초대교회 역시 눈치 채지 못한 비밀이 세계선교였다면 할 말이 없습니다. 그런 의미에서 한국교회는 무한한 선교광맥이 감추어 있기 때문에 선교동원의 사역은 중요한 사명입니다. 세계복음화를 위한 지상명령은 모든 시대, 모든 교회, 모든 성도들에게 주시는 지상명령입니다.

　한편 오해하는 것은 세계선교만이 지상명령이라고 생각하고 그밖의 사역에는 무관심하다는 사실입니다. 선교는 가장 균형 잡힌 교회의 사명이며, 다가올 시대에 모든 교회가 확실하게 붙잡아야 할 위대한 명령(Great Commission)입니다. 그리고 부활하신 주님이 승천하시기 바로 직전에 감람산에서 주신 영원한 언약입니다.

　"오직 성령이 너희에게 임하시면 너희가 권능을 받고 예루살렘과 온 유

171
'세계선교' 어떻게 할 것인가?

대와 사마리아와 땅끝까지 이르러 내 증인이 되리라 하시니라(행 1:8)."

그렇습니다. 교회가 24시간 붙들고 나가야 할 변함없는 메시지이고 사명이고 명령이고 기도제목이며 기둥입니다. 하드웨어는 '오직 성령이 임하시면 너희가 권능을 받고' 입니다. 사도행전(2~28장) 선교역사의 힘의 근원은 '오직 성령' 입니다. '권능' 입니다. 소프트웨어는 네 분야 선교의 '증인' 이 되는 것입니다.

첫째, 예루살렘(지역교회가 있는 지역사회) 선교(증인)에서 자국인 선교(Native mission)를 생각해 봅니다.

구원받은 제자 한 사람이 백 명, 천 명의 사람을 구원하는 것은 자랑스럽고도 영광스러운 일입니다. 그러나 그보다 더 귀한 일은 디모데후서 2:1~2 말씀을 이루는 것입니다.

"내 아들아 그러므로 너는 그리스도 예수 안에 있는 은혜 가운데서 강하고 또 네가 많은 증인 앞에서 네게 들은 바를 충성된 사람들에게 부탁하라 그들이 또 다른 사람들을 가르칠 수 있으리라"

그렇습니다. 이렇게 될 때 지역교회는 부흥하고 가장 짧은 시간에 가장 효율적으로 세계 복음화를 이룰 것입니다.

둘째, 유대(나라) 선교(증인)에서 자국인 선교(Native mission)를 생각해 봅니다.

교인들이 많고 교회재정이 풍부한 것은 분명 성공한 목회입니다. 그러나 샘의 근원이 터지고 개울물과 시냇물이 흘러야 강물이 되고 만물이 소성하는 바다를 이루는 것입니다. 그렇지 아니한 교회라면 우물 안 개구리처럼 세상을 동전만 하게 볼 것이고 결국 바벨탑이 되어 초대 예루살렘교회처럼 강제로 흩어져 고고학적 유물이나 관광명소는 될지언정 생명을 살리는 교회는 되지 못할 것입니다. 왜냐면 바벨탑은 무너지고 건축자들은 흩어지고 마는 것이 성경과 역사의 증언이기 때문입니다.

셋째, 사마리아(북한, 소외계층)에서 자국인 선교(Native mission)를 생각해 봅니다.

영화 〈크로싱〉을 보신 분들은 아실 것입니다. '131일간의 간절한 약속, 8천 km의 잔인한 엇갈림' 그래서 영화 제목이 〈크로싱〉입니다. 극장 문을 나서면서 느끼는 감정은 다양하겠으나 생지옥 같은 북한 땅을 탈출하여 우리 곁에 온 탈북자들에게 무관심한 것은 큰 죄악임을 모두 깨닫게 될 것입니다.

그러나 그보다 더 중요한 것은 북녘 땅에 사는 2,300만 우리 동포의 영혼입니다. '어떻게 배고픈 그들에게 밥을 먹이고 천하를 주고 바꿀 수 없는 영혼을 구원할 것인가?' 하나님이 해답입니다. 하나님은 언제 복음으로 평화 통일의 유월절과 부림절의 기쁨을 주실까요? 해답은 간단합니다. 북한선교로 훈련된 '선교사'를 준비하는 것입니다. 언제? 어디에서? 누구를? 누가? 훈련시키면 될까요? 기적적인 하나님의 방법으로 정착한 탈북민(새터민)이 14,000명입니다. 6만 교회 1,000만 성도가 그들을 가슴에 품고 북한 선교사로 훈련하는 것입니다. 그것이 최고의 선교 전략인 자국인 선교(Native mission)입니다.

넷째, 땅끝(열방과 족속의 수많은 나라와 민족) 선교(증인)를 생각해 봅니다.

18,000여 명의 선교사가 선교하는 선교대국이 되었습니다. 그러나 한국 정부가 약해지고 한국교회가 영적으로 흔들리고 있습니다. 약해지면

병마가 달려들고 약해지면 먹히고 패하기 마련입니다. 천정부지로 치솟는 유가(油價)에 오일 머니와 인해전술로 모슬렘은 세계를 정복하고 있습니다. 대한민국은 석유도, 식량도, 지하자원도 없는 불쌍한 나라입니다. 종말의 시대인 21세기에 유일한 희망은 이사야 60장의 '세계복음화'로 쓰임 받는 빛의 나라가 되는 것입니다.

"그 작은 자가 천명을 이루겠고, 그 약한 자가 강국을 이룰 것이라. 때가 되면 나 여호와가 속히 이루리라(사 60:22)."

이 꿈을 이루기 위한 한국 선교의 최고전략이 자국인 선교(Native mission)입니다. 한국선교의 최고 못자리인 필리핀의 복음주의협의회 회장인 에브라임 M. 텐대로 감독이 한국 선교사들에게 주는 조언입니다.

① 선교를 행하는 데 있어 제국주의적 패러다임을 피하라. ② 가서 사역하는 나라의 문화를 배우고 적응하라. 바울처럼 선교지 사람들의 언어를 배우고 필리핀 사람과 비슷하게 되어야 한다.

그렇습니다. 완벽한 해답은 자국인 선교(Native mission)입니다. KWMA(총무:강승삼 목사)는 한국 선교사들을 위한 십계명을 만들었습니다.

① 존재가 행동보다 중요하다. ② 변방 선교의 선교지 종족들은 사역의 대상이 아니라 하나님 나라의 시민이다. ③ 직업적 통역자에게 의지하지 말라. ④ 설립된 지 오래된 교회에서 지도력을 독점하지 말라. ⑤ 교회 개

척을 교회건물 건축과 동일한 것으로 생각하지 말라. ⑥ 선교지 국가의 동역자들을 영구적으로 고용하지 말라. ⑦ 한국 문화 및 교회 제도를 제국주의적으로 강요하지 말라. ⑧ 선교지에서 한국인 선교사들과만 교제하지 말라. ⑨ 단기 선교사들에게 경쟁적 태도를 취하지 말라. ⑩ 독불 장군식 선교사가 되지 말라.

곰곰이 생각해 보면 결국은 자국인 선교로 통하게 마련입니다. 모든 길은 로마로 통하듯 모든 선교는 자국인 선교로 통하기 마련입니다.

"2030년까지 100만 명의 자국인 선교사를 주옵소서."
생각만 해도 가슴이 뛰고 구름 위를 나는 것 같습니다.

중국선교

　찜통더위 한복판에서 중국선교팀과 함께하면서 중국을 배우고 왔습니다. 사물놀이팀, 워십팀, 노래팀이 동원된 82명의 단기선교팀이었습니다. 가는 날이 장날이라 베이징 올림픽이 시작되는 한 주간이었습니다. 백두산을 중심으로 두만강, 압록강, 송화강, 혜란강을 따라 2,000km를 달려야 하는 대장정이었습니다.

　이게 웬일입니까? 입국하는 장춘공항부터 출국하는 장춘공항까지 친절(?)하게도 가는 곳마다 말 한마디 없이 따라 붙이는 공안들의 보호감시 속에서, 중국선교 어떻게 할까? 고민하고 기도하는 한 주간이었습니다. 물론, 준비하고 기대 속에 출발한 감리교 전국 교회학교에서 대표로 선발한 예술선교단의 사역은 물거품이 되었으며, 역사교육현장의 관광 여행으로 마감하는 안타까움이 있었습니다. 선교는 결코 유람선을 타거나 관광버스를 타고 떠나는 관광 여행이 아닙니다. 생명을 살려내는 영적 군사들의 치열한 싸움터입니다. 셀 수 없이 많고 많은 중국인들을 구원하기 위하여 수많은 선교사들이 공안의 눈길을 피하며 뱀처럼 지혜롭게! 비둘기처럼 순결하게! 눈물로 씨앗을 뿌리는 소식을 듣고 있습니다.

한국교회는 누가 무어라 해도 21세기 선교대국입니다. 숫자적으로도 그렇고 교육과 훈련된 선교사들의 질적인 수준에서도 단연 최고입니다. 그러나 아직은 2%가 부족한 것이 사실입니다. 부족한 2%가 무엇일까요? 피차에 말하지 않아도 모두가 알고 있는 사실입니다.

모처럼 참으로 반가운 천사들의 방문으로 행복을 만끽하였습니다. 평택에서 한족(漢族) 교회를 섬기는 선교사님들이십니다. 연약한 여성의 몸으로 가슴은 뜨거운데 힘이 없어 안타까워하시는 목사님과 권사님이십니다. 우리나라에 온 한족(漢族)노동자만 30만 명이라 합니다. 6만 한국교회 1,000만 그리스도인이 선교사가 되어 자국인 선교에 눈을 뜨고 중보기도 선교사로! 물질후원 선교사로! 봉사협력 선교사로! 새 출발한다면 한국선교는 폭발하는 선교열매와 100배의 축복을 받게 될 것입니다. 중국선교를 묵상하고 안타까워하면서 어려웠던 시대에 쓰임 받았던 한국교회의 「중국 기독사」(쿰란 출판사)를 되새겨 보았습니다.

"세계에서 중국인이 가장 선교하기 어려운 사람이다"라고 합니다. 서양열강의 선교사들은 일 년 동안 노력하여 한 명의 교인 얻기도 힘들다고 한탄하였습니다. 맞는 말입니다. 열강의 선교사들이 중국인을 선교하는 일은 참으로 어려운 일이었습니다. 외국의 진흙(아편)과 외국 종교와 악귀를 조심하라는 말이 인사처럼 되어 있었습니다.

이와 같은 생각이 중국인의 마음속 깊이 자리했기 때문에 열강의 선교사들이 아무리 천사의 방언을 할지라도 들으려 하지 않았습니다. 교회에 나가면 쌀을 얻을 수 있고 예수 믿는다고 고백하면 돈(월급)을 조금 받을 수 있고 소송에 걸려 있으면 교회의 도움을 받을 수 있었기에 이런 이유들로 교회에 나오는 사람들이 많이 있었습니다. 6,500명이나 되는 열강의 선교사들이 막대한 선교비를 써서 150년간이나 모진 고생을 하면서 활동하였지만 후에 공산당에게 퇴거당할 때 신자 수는 75만 명에 불과했습니다. 그런데 중국과 동일하게 식민지 열강의 피해를 받은 나라로서 또한 피선교지에 대한 부조리한 선교정책으로 인해 고통을 겪어본 조선의 선교사들은 가는 곳마다 중국인들에게 큰 환영을 받고 엄청난 선교 열매를 거둘 수 있었습니다.

조선 장로교회는 복음을 받아들인 지 28년 만인 1912년 9월 조선장로교총회를 창립하고 3명의 중국 선교사를 파송하였습니다. 선교지 답사 차 중국에 도착한 대표들은 주중 미국 장로회 선교사들에게 "선교라는 것은 선진국이 국력과 재력을 바탕으로 하는 사업이기에 조선 같은 국력도 없는 나라의 교회는 어마어마한 선교 사업을 할 수 없으니 단념하라"는 권면(?)을 들어야 했습니다. 그러나 설득 끝에 공자의 고향인 산동성 중앙에 위치한 작은 마을인 래양현(萊楊縣)으로 선교지가 결정되고 박태로, 사명문, 김영훈 선교사가 부임하였습니다. 그런데 박태로 목사는 토질병에 걸려서 본국으로 귀환하여 치료를 받다가 서거하였으며 남은 두 목사도 고통을 견디지 못하여 임지를 떠나게 되었습니다. 조선 장로교 총회는 악조건 속에서도 다시 방효원 목사, 박상순 목사, 그리고 홍승환 목사 등 세 명의 선교사를 파송하였습니다.

당시 5천 명의 서구 선교사들의 비웃음 속에 메뚜기와 같은 선교사들이었습니다. 조선 선교사들은 다른 열강의 선교사들과 달리 조선에서 임명 증서를 가지고 가서 중국 목사가 되었습니다. 그들은 완전한 중국 사람이 되어 중국 사람들과 같이 울고 웃었습니다. 그들은 중국의 장점만 보고 단점을 보지 않았습니다. 당시 조선에 온 외국 선교사들은 사진을 찍되 창피한 장면만 찍어 외국에 퍼트렸지만 중국의 우리 선교사들은 1907년에

강한 성령의 역사로 백만 명 구령운동도 막 끝낸 상태였기 때문에 영적으로 충만한 상태에서 중국에 도착하였던 것입니다. 이들은 중국에 도착하여 중국어를 습득하였고, 이어서 조선에서의 전도 방식대로 호별전도와 노방전도로 나섰고 선교사의 부인들은 중국어로 성경공부를 시작하였습니다. 성령께서 역사하시므로 회개운동이 일어나므로 조선교회 3명의 선교사가 5년간 선교한 결과는 다음과 같습니다.

총신도수 818명/ 세례교인수 585명/ 교회건물건축 12동/ 예배처소 30개처/ 남자학교 11교/ 여자학교 2교/ 남자학생수 303명/ 여자학생수 55명

그렇습니다. 조선 장로교 선교사는 중국의 문화와 가장 근접한 삶을 사는 조선 장로교회 선교사의 파송으로 짧은 선교역사에 엄청난 선교 열매를 맺었던 것입니다. 그러나 더 놀라운 사실은 중국의 공산당이 선교의 빗장을 열자 반세기 만에 중국에 들어간 선교사들이 본 중국교회의 현실입니다. 75만 명의 그루터기 신자들이 셀 수 없는 제자들로 번성하는 역사를 어떻게 설명할 수 있겠습니까? 30배 60배 100배로 부흥 성장한 비결이 무엇이겠습니까? 모진 핍박을 견디면서 성령 충만으로 누룩처럼 숨어서 모이면 기도하고 흩어져서 전도하며 지하교회를 세웠던 제자들. 그들이 바로 자국인 선교사였던 것입니다.

"2030년까지 100만 명의 자국인 선교사를 주옵소서."
생각만 해도 가슴이 뛰고 구름 위를 나는 것 같습니다.

'세계선교' 어떻게 할 것인가?

자국인 선교 동원

한국교회에게 가을은 최고로 경사스러운 계절입니다. 왜냐하면 교단장을 뽑는 선거가 있기 때문입니다. 그런 의미에서 9월은 축제의 절기가 되어야 합니다. 이새의 아들 다윗처럼 하나님의 마음에 합한 사람들이 세움을 받아 축복 속에 무거운 사명의 짐을 지우고 함께 돕고 섬기며 주님의 뜻을 이루게 되는 것입니다. 그럼에도 불구하고 한국교회의 9월은 상처와 분열의 아픈 상처로 얼룩지고 있습니다. 왜일까요? 누구 책임일까요?

부잣집의 낮은 굴뚝을 생각해 보면서 기도 제목을 삼았습니다.

"아궁이에 불을 지필 때 굴뚝이 높아야만 연기가 잘 빠진다. 굴뚝이 낮으면 바람의 영향을 많이 받아 연기가 잘 빠지지 않아 불편하다." 양반 집 안들의 고택을 방문하는 과정에서 한 가지 발견한 사실은 굴뚝이 의외로 낮게 설치된 집이 많다는 점이었다. … 굴뚝 연기가 밖으로 잘 나가지 않도록 단속한 이유는 무엇인가? 주변에 사는 가난한 사람들을 의식했기 때문이다. 보릿고개가 있던 시절에 그 집 굴뚝에서 연기가 펑펑 나오면 '저집은 또 맛있는 음식을 장만해 먹는구나!' 하는 인상을 줄 수 있기 때문이다. … 추석 명절 무렵에는 추수한 나락을 곧바로 창고로 옮기지 않고 일부러 대문 바깥에 일주일 정도 야적해 놓았다고 한다. 그 일주일은 배고픈 주변 사람들이 밤에 몰래 나락을 가져가도 눈감아 주는 기간이었다. 이는 조선의 양반 부자들이 자신들의 가격(價格)과 유사시에 안전을 유지하는 전통적인 방법이었던 것이다. (조선일보, 조용헌 살롱 585)

천문학적인 선거비용이 선교비로 실탄이 되어 쏜다면 전 세계의 잃어버린 영혼을 얼마나 많이 구원할 수 있을까? 하나님이 부어 주신 물질의 축복을 천하 중 주고도 바꿀 수 없는 영혼구원에 투자한다면 음부의 권세를 초토화시킬 수 있는데! 하는 아쉬움이 가슴을 칩니다.

깡통교회인 전주 안디옥교회 개척자인 이동휘 목사님은 그 흔한 노회장 한 자리 탐하지 않고 오직 기도와 선교에 올인하셨습니다. 정년 은퇴하시고 더 넓은 세계선교사역을 위하여 더 행복한 선교사의 삶을 사십니다. 선교사 출신의 박진구 목사는 젊음을 다하는 무릎과 전략목회로 선교하는 교회를 힘 있게 이어가고 있습니다. 이름 없이 빛도 없이 개척목사가 설립한 바울선교회를 기쁨으로 넉넉하게 섬깁니다. 384명의 파송선교사를 후원하고, 예산 90억 중 50%인 45억을 선교비로 후원합니다. 오병이어의 축복을 부스러기의 낭비 없이 12광주리 가득 채워 사용하는 자랑스러운 교회입니다. 교회 재정의 70% 이상을 지역세계, 국가, 북한, 장애인 선교(행 1:8)라는 대명(大命)을 위하여 바치는 것입니다.

최근에 한국선교의 희망을 보았습니다. 국민일보와 한세대가 공동 개설한 〈기독교 4차원 최고 리더십 과정〉에서 한국기독실업인회(CBMC) 신용한 회장의 "한국기독실업인회를 통한 하나님의 세계선교 전략"이라는

'세계선교' 어떻게 할 것인가?

제목의 강의였습니다.

"복음이 예루살렘을 떠나 서편으로 전진하여 구라파와 미국을 거쳐 아시아 동편 끝 한국까지 왔습니다. 여기까지 복음의 선포자는 선교사들이었습니다. 그런데 한국에서 아시아 여러 나라를 거쳐 예루살렘에 이르는 마지막 선교는 더 이상 선교사들이 앞장설 수 없습니다. 아시아 대륙의 각종 기성 종교와 정부가 결탁하여 선교사를 배척하고 목숨까지 위협하기 때문입니다. 그런데 아시아 여러 나라들이 기업인들을 환영합니다. 하나님께서 CBMC에게 아시아 선교의 선두역할을 맡기려 하십니다. 이 일을 위하여 2008년 7월 17일 개최한 제8차 CBMC 세계대회는 역사상 유래가 없는 69개국 3,000명이 참가하는 대성황을 이루었습니다. 서울 선언문을 선택하고 국제 훈련센터를 한국에 세우는 결의안을 만장일치로 통과하였고 건축헌금까지 하였습니다. 해당국의 복음화는 결국 현지인의 몫이므로 전도 받은 이들을 한국에 초청하여 하나님의 축복으로 기적적 발전을 이룬 한국에서 자유롭게 진리와 사랑을 가르치기 위해서입니다. 보는 것이 믿게 하는 것(seeing is believing)이기에 기적의 땅 한국에 국제훈련센터를 세워 교육과 훈련을 해야 하기 때문입니다.

조용기 목사님이 요르단 국왕의 초청으로 암만에서 선교대회를 하게 되었습니다. 국왕이 초대한 손님을 어찌 막을 수 있겠습니까? 다만 강단에서 다음 세 가지는 절대로 말을 해서는 안 된다는 통보를 받았답니다. 예수님이 하나님의 아들이며, 예수님이 죽으신 후 부활하시고 승천하셨고, 모든 성도는 죽으면 천국 간다는 기독교 핵심진리였습니다. 당신의 생(生)과 사(死)는 당신에게 달렸다는 협박에 '국왕이 초청한 나도 목숨의 위협을 받는데 하물며 자비량으로 개인적으로 들어간 선교사들이 어찌 중동에서 복음을 전하겠는가? 중동선교는 이제 끝장이 났다.'고 생각했다

182

고 합니다. 그러나 중동에 가니 모든 지식인들이 노트북을 가지고 있고 이들이 인터넷을 하고 있다고 했습니다. 어느 폭군도 이메일 교신을 막지 못하니 중동선교의 방법은 인터넷이라고 조용기 목사님이 말씀하셨습니다. 중동이 선교사를 배척하지만 기업인은 환영할 것이니 기업인들이 환영받으며 들어가 경제 문제를 해결하고 가난한 사람들을 고용해서 일터를 주며 이들에게 복음을 전해야 합니다. 드디어 한국의 CBMC는 당진에 10,000평의 땅을 기증받아 국제훈련센터와 본부 건물을 지을 것이라는 희망찬 메시지였습니다."

물질적인 여유의 축복을 받은 기업인들이 선교에 눈을 뜬 것입니다. 기독실업인들뿐 아니라 모든 그리스도인은 돈 관리에 밝아야(?) 합니다. 돈을 더러운 것으로 방임해서 마귀의 전용도구가 되게 해서는 안 됩니다. 돈을 잘 관리하여 선한 사업에 써야 하며 그래서 악한 목적으로 돈이 흘러가는 것을 막아야 합니다.

아시아나 아프리카 오지의 현지인 목회자 월 사례비 5~10만원을 후원하면 죽을 둥 살 둥 감격하여 교회를 섬기고 복음을 전합니다. 그런 의미에서 파송된 현지 선교사들 역시 아무리 어렵다 해도 자국인 목회자에 비하면 부요한 자들입니다. 이제 한국교회는 부요함 속에 어쩔 수 없이 찾아온 비만과 거품을 제거해야 합니다. 시간이 없습니다. 하늘과 땅의 권세를 잡으신 하나님과 영원히 함께할 것인가? 아니면 '돈'과 함께할 것인가? 헨리 나우웬의 말처럼 마귀의 시험은 언제나 세 가지입니다. 현실적으로 살아라(육체의 정욕), 멋있게 살아라(안목의 정욕), 힘이 제일이다(이생의 자랑). 그러나 그것은 안개와 같은 것들입니다. 헛되고 헛된 바람을 잡는 것입니다.

이제 저를 포함한 한국교회 지도자들은 성령이 교회에 하시는 말씀을 듣고 순종해야 합니다. 옛날 부요한 양반들이 굴뚝을 낮추었던 것처럼 선한 양심을 회복하여야 합니다. 비결은 한 가지, 은혜를 받아야 합니다. 무슨 은혜입니까? "주께서 이스라엘 나라를 회복하심이 이때입니까(행 1:6)?" 2,000년 전이나 지금이나 인간의 DNA의 지독한 모습입니다. 고약한 욕심이고 불신앙입니다. 언제나 대답은 한 가지입니다.

"오직 성령이 너희에게 임하시면 너희가 권능을 받고 예루살렘과 온 유대와 사마리아와 땅끝까지 이르러 내 증인이 되리라(행 1:8)."

증인이 되면 되어지고 갈 수밖에 없는 무소유의 삶의 선교가 '자국인 선교'입니다. 사도행전의 선교역사가 증명하고 지난 2천 년 기독교역사에 꽃을 피운 거장 선교사들의 삶이 자국인 선교 동원이었던 것입니다.

"2030년까지 100만 명의 자국인 선교사를 주옵소서."
생각만 해도 가슴이 뛰고 구름 위를 나는 것 같습니다.

선교사를 키우는 것이 원칙입니다

　베이징 올림픽 이후 변화된 베이징을 보고 느끼고 배우기 위해 베이징에 다녀왔습니다. 특별히 감격스러운 여행이었던 것은 2006년 8월 중국의 심장인 베이징에서 3주간 땅 밟기 했던 기도현장을 다시 방문하는 기도응답의 현장이었기 때문입니다.

　"13억 중국을 저에게 주옵소서."

　"1천만 베이징을 저에게 주옵소서."

　"이들을 통하여 세계를 복음화하는 한국교회가 되게 하옵소서."

　제가 섬기는 감리교 본부 출판국(도서출판 kmc) 위원들을 모시고 함께 하는 여행이었기 때문에 더욱 감사할 수밖에 없었습니다. 그런데 베이징에서 둥지를 틀고 누룩처럼 선교하시는 선교사님들을 초청하여 말씀도 듣고 격려해야 하는데 하지 못하는 안타까움이 있었습니다. 누구에게도 표현할 수 없는 기도제목이었습니다. 왜 그랬을까요? '돈' 때문이었습니다.

　제가 아는 한 베이징 선교사님들 중 물질로 고통당하지 않고 넉넉하게

'세계선교' 어떻게 할 것인가?

사역하시는 행복한(?) 선교사님은 거의 없는 걸로 알고 있습니다. 한국 선교사 2만 명 시대를 앞두고 2030년까지 10만 명 선교사 파송을 꿈꾸고 준비하는 한국교회 선교사나 파송교회가 물질적인 안정과 오병이어의 기적처럼 12광주리가 부스러기로 남는다면 얼마나 행복할까요?

더욱 안타까운 현실은 12년 전 예배당 건축 시 체험하였던 IMF의 고통이 느껴진다는 사실입니다. 중국 화폐 1위안이 원화 150원이었는데 이제 200원입니다. 미화 1달러가 1,000원 미만이었는데 원화는 한없이 추락하고 있습니다. 미국 서브프라임 사태악화로 인해 발생한 주요 미국 금융기관 파산의 여파가 이제 전 세계적으로 공황상태에 접어들면서 우리나라도 주가가 연초에 비교하여 반 토막이 되었으며 달러 환율의 경우 연초대비 50%나 상승하였습니다. 경제전문가들도 끝이 보이지 않고 해답이 없다고 합니다. 심지어 100년 만에 나올 수 있는 경제 쓰나미 현상이라고도 합니다. 아무도 예측할 수 없는 일이 미국에서 시작됐으니 쉽게 해답이 있을 리 없습니다. 영적으로 해석하면 창세기 1장 2절 말씀의 현장입니다. 역사를 반추하면서 무릎 꿇고 회개하면서 주님의 음성을 들을 수밖에 없는 상황이라면 분명히 기회이고 축복이 될 것입니다.

하나님이 돌리시는 인류 역사의 수레바퀴는 종말의 시간표와 지상명령 (마 28:18~20)의 성취에 있다고 확신하기 때문입니다. 1929년 10월 미국 뉴욕 월스트리트의 주가가 폭락하면서 시작된 대공황은 세계 곳곳으로 확산되면서 1939년까지 계속되었습니다. 경제는 마비되고 기업 파산은 도미노 현상이 되어 미국 노동자의 30%가 실업자가 되었습니다. 힘겹게 공황을 탈출한 1941년에 프랭클린 루스벨트 대통령은 4가지 인간의 본질적인 자유를 토대로 한 의회 연두교서를 발표했으며, 1944년의 연두교서에는 특히 "궁핍으로부터의 자유"에 대해 다음과 같이 힘주어 말했습니다.

"우리는 한 가지 사실을 명확히 깨닫게 됐다. 진정한 개인의 자유는 경제적 보장과 독립 없이는 존재할 수 없다는 것을, '빈곤한 사람은 자유인이 아니다'(Necessitous men are not free men) 일자리를 잃은 사람들은 독재의 자양분이 된다. 우리시대에 이런 경제적 진실은 자명하게 받아들여지게 됐다. 우리는 말하자면 두 번째 권리장전을 받아들이게 된 셈이다. 그 아래에서 우리 모두 ―신분이나 인종, 신조와 관계없이― 를 위한 사회보장과 번영의 새로운 기초가 다져질 수 있다. 이 권리들의 목록은 다음과 같다. 첫째, 적절한 음식과 의류 여가생활에 충분한 돈을 벌 권리. 둘째, 농민들이 작물을 기르고 팔아 남부럽지 않은 가족생계를 꾸릴 권리. 셋째, 크고 작은 사업자들이 국내외에서 독점기업의 부당경쟁이나 지배에서 벗어나 거래를 할 권리. 넷째, 모든 가족이 남부럽지 않은 집을 가질 권리. 다섯째, 적절한 의료보호와 건강을 누릴 권리. 여섯째, 노후 병 사고 실업 등의 경제적 공포로부터 적절히 보호받을 권리. 일곱째, 좋은 교육을 받을 권리."

설문조사에서 미국인의 23%가 "미국 경제는 공황상태"라고 응답했다고 합니다. 한국경제는 어떻게 될 것인가? 정치 경제 문화…. 어디에도 희망은 보이지 않습니다. 언제나 희망은 '오직 예수 그리스도' 입니다. '선교' 가 희망입니다.

그러나 경제대국 대한민국 그리고 부요한 한국교회에서 선교사들의 현실은 어떠했습니까? '남부럽지 않은' '적절한' 정도의 기준이 한국교회 평균치와 비교할 때 부끄럽기만 한 것이 오늘의 현실이었습니다. 언제나 항상 파송교회나 후원 교회 앞에 작은 자되어 눈치를 살피며 구걸(?)할 수밖에 없는 것이 대부분의 현실이었습니다. 사역의 열매 없이는 보낼 수 없는 선교편지의 결론은 선교비를 위한 기도제목일 수밖에 없었습니다. 피

할 수 없는 자녀교육의 십자가는 눈물과 탄식의 기도제목이 아닐 수 없었습니다. 길바닥에 돌멩이처럼 고독과 싸워야 하는 아픔 속에서 오직 사명 때문에 달려가야 하는 아픔은 경험한 자만이 느낄 수 있는 '비아돌로사' 골고다 언덕길이었습니다.

이제 한국교회 선교 어떻게 할 것인가? 기도제목의 응답입니다. 세계로 흩어져 나가는 모든 그리스도인들은 자비량 선교사의 사명을 가지고 나가는 것입니다. 교회는 오직 자비량 선교사와 전문인 선교사로 파송하는 것입니다. 돈과 전혀 관계없이 중보기도만 하면 됩니다. 파송된 선교사들은 이제 모두 자국인 선교사 동원에 집중하여야 합니다. 지금은 21세기 지구촌 시대이고 달나라 가는 과학과 지식만능시대입니다. 사람을 키워야 합니다. 선교사는 선교사를 키우는 것이 원칙입니다. 21세기 최고의 미전도 종족은 여리고 성과 같은 모슬렘권 선교입니다. 그들의 언어와 문자 역시 여리고 성입니다. 그들의 문화 역시 여리고 성입니다. 돈으로 안 됩니다. 건물로도 안 됩니다. 오직 성령입니다. 오직 말씀입니다.

최고의 전략은 '자국인 선교' 입니다. 최고의 황금어장인 중국선교도 역시 여리고 성입니다. 그러나 길이 있습니다. 최고의 전략은 '자국인 선교' 입니다.

"2030년까지 100만 명의 자국인 선교사를 주옵소서."
생각만 해도 가슴이 뛰고 구름 위를 나는 것 같습니다.

최고의 제자는 자국인 선교사

골드만 삭스의 보고에 의하면 2050년이 되면 우리나라의 경제가 성장해서 세계 2위 국가가 된다고 예측하였습니다. 물론 남북한이 복음으로 통일되고 전 세계에 흩어진 동포를 포함하여 1억 인구에 10만 한국교회 그리고 10만 파송 선교사에 100만 자국인 선교사로 21세기 세계선교를 주도하는 나라가 되는 것입니다.

아브라함에게 주신 여호와 이레의 축복을 그리면서 감사를 드립니다. 요셉처럼 임마누엘의 삶으로 보여 주는 변화의 기회가 되게 하시는 은혜의 삶을 살아야 합니다. 요셉의 색동옷을 벗어야 합니다. 아버지 야곱이 자기만 사랑한다는 편애와 교만, 그리고 자랑을 내려놓아야 합니다. 좋은 환경 속에서 좋은 말로 해서는 말씀에 순종하지 않는 것은 예나 지금이나 똑같으니 안타까울 뿐입니다. 피를 나눈 형제들과 싸우고 배신당하고 팔려가야 합니다. 그리고 우물에 던져져야 합니다. 애굽의 노예로 팔려가야 합니다. 죽지 않고 살아남아 있음이 은혜입니다. 밥 굶지 않고 노예가 되고 감옥에 가는 것이 은혜입니다. 육체는 고난을 당해도 속사람은 회개하고 새 사람이 되어 가는 은혜를 받아야 합니다. 따지고 보면 모든 것이 값 없이 주시는 은혜입니다. 이제 삶으로 보여 주는 증인이 되는 것입니다.

"여호와께서 요셉과 함께 하시므로 그가 형통한 자가 되어 그의 주인 애굽 사람의 집에 있으니 그의 주인이 여호와께서 그와 함께 하심을 보며 또 여호와께서 그의 범사에 형통하게 하심을 보았더라. 요셉이 그의 주인에게 은혜를 입어 섬기며 그가 요셉을 가정 총무로 삼고 자기의 소유를 다 그의 손에 위탁하니 그가 요셉에게 자기의 집과 그의 모든 소유물을 주관하게 한 때부터 여호와께서 요셉을 위하여 그 애굽 사람의 집에 복을 내리시므로 여호와의 복이 그의 집과 밭에 있는 모든 소유에 미친지라(창 39:2~5)."

"여호와께서 요셉과 함께 하시고 그에게 인자를 더하신 간수장에게 은혜를 받게 하시매 간수장이 옥중죄수를 다 요셉의 손에 맡기므로 그 제반 사무를 요셉이 처리하고 간수장은 그의 손에 맡긴 것을 무엇이든지 살펴보지 아니하였으니 이는 여호와께서 요셉과 함께 하심이라. 여호와께서 그를 범사에 형통하게 하셨더라(창 39:21~23)."

하나님이 요셉에게 베풀어 주시는 은혜의 클라이맥스로서의 고백입니다.

"당신들이 나를 이곳에 팔았다고 해서 근심하지 마소서. 한탄하지 마소서. 하나님이 생명을 구원하시려고 나를 당신들보다 먼저 보내셨나이다(창 45:5)."

그런 의미에서 요셉은 예수 그리스도의 상징이고 선교사의 모델이기도 합니다. "한국교회 선교" 어떻게 할 것인가? 요셉에게 배워야 합니다.

어떤 모양으로 어떤 형편에서 어떻게든 선교사로 떠날 수 있습니다. 그러나 분명히 기억해야 할 것은 '예수의 영성'으로 변화되어야 한다는 사실입니다. '지성'과 '개성'이 말씀과 성령의 능력 그리고 인간관계와 환경으로부터 오는 고난과 훈련을 통하여 거룩함으로 변화되어야 합니다. 기도가 막히지 아니하고 임마누엘의 은혜를 삶으로 보여 주는 증인이 되어야 합니다.

사역의 변화가 있어야 합니다. 교회 건축이 교회 개척일 수 없다는 사실을 알아야 합니다. 한국교회는 20,000명 선교사 시대를 맞이하였습니다. 보내는 모교회 역시 교회 건축이 최고의 사역이 되어 있고 크고 작은 교회가 교회 건축 때문에 몸살을 앓고 있습니다. 파송된 선교사들까지도 건축이 선교라고 해석한다면 선교한국의 미래는 없습니다. 신도시 아파트 재건축을 보면서 느끼는 배움입니다. 철근과 콘크리트 건물이 30년을 넘기지 못하는 안타까움입니다.

선교는 예수의 사람을 길러 내는 것입니다.

"예수께서 나아와 말씀하여 이르시되 하늘과 땅의 모든 권세를 내게 주셨으니 그러므로 너희는 가서 모든 민족을 제자로 삼아 아버지와 아들과 성령의 이름으로 세례를 베풀고 내가 너희에게 분부한 모든 것을 가르쳐 지키게 하라 볼지어다 내가 세상 끝날까지 너희와 항상 함께 있으리라 하시니라(마 25:18~20)."

건물이 제자가 아니라 사람이 제자입니다. 최고의 제자는 누구입니까?

자국인 선교사입니다. 열방과 족속과 만민을 품고 기도하며 "내가 여기 있사오니 나를 보내주옵소서" 부르짖는 제자입니다.

그렇습니다. 세계선교는 옛날이나 지금이나 그렇게 행해지고 있습니다. 역사가 증거하고 성경이 증거합니다. 21세기 선교를 책임져야 할 한국교회는 보이지 않는 경제 침체의 파도를 헤쳐나아가야 합니다. 어느 면에선 하나님이 주시는 기회일 수도 있습니다. 영적 성숙함으로 모든 성도가 선교사로 무장하는 풀무불의 과정을 통과하게 될 것입니다.

요셉처럼! 예수님처럼!

"그가 아들이시면서도 받으신 고난으로 순종함을 배워서 온전하게 되셨은즉 자기에게 순종하는 모든 자에게 영원한 구원의 근원이 되시고 하나님께 멜기세덱의 반차를 따른 대제사장이라 칭함을 받으셨느니라(히 5:8~10)."

"2030년까지 100만 명의 자국인 선교사를 주옵소서."
생각만 해도 가슴이 뛰고 구름 위를 나는 것 같습니다.